SHODENSHA
SHINSHO

イスラムの読み方

——その行動原理を探る

山本七平
加瀬英明

祥伝社新書

本書は『イスラムの発想――アラブ産油国のホンネがわかる本』（昭和五十四年十月、徳間書店刊）を再編集し、終章に加瀬英明氏による書き下ろし原稿を加えた『イスラムの読み方』（小社刊）の復刊です。復刊にあたり、第六章を全面的に書きあらためました。

新書版のためのまえがき

いま、中東が溶解しはじめた。

古い国境線や、枠組が壊されて、これからまったく新しい中東が出現しよう。そのかたわら、イスラム過激派によるテロが頻発《ひんぱつ》して、その脅威が全世界に重苦しくのしかかるようになっている。

日本国民は「イスラム国」によって、湯川遥菜《ゆかわはるな》さんと後藤健二《ごとうけんじ》さんが人質として殺害されたことによって、中東とイスラム教にいっそう眼を向けるようになった。

いま、イスラム世界にわたって、原理主義へ回帰しようとする力が、働いている。どうしてイスラム世界において、時計の針を逆に回すようなことが、起こっているのだろうか。

一部では、イスラムが力を得て、〝文明の衝突〟が、世界を揺さぶっているといわれる。

しかし、それほど単純なものではない。

これまでの中東の仕組みを、大きく揺さぶっているのは、キリスト教諸国に対する敵意よりも、イスラム教の二大宗派である主流のスンニー派と、傍系のシーア派による、血で血を洗う抗争である。

イスラムの原理主義過激派によるテロが、全世界に拡散して、日本国内も危《あぶな》い。西側の専門家のなかに、今後、中東の混乱が拡大してゆくなかで、サウジアラビアをはじめとするアラビア半島の王制産油諸国が、向こう十数年以内に崩壊することになろうと、予想する者が少なくない。

日本は国民生活を支えるために必要とする、石油、天然ガスの八〇％近くを、これらの湾岸王制諸国からの輸入に依存している。

そのうえ、アメリカが中東に関心を奪われて、アジアへの対応が疎《おろそ》かになることがあれば、それだけ中国の脅威が増すこととなる。中東情勢はエネルギーの供給だけではなく、日本の安全と一体のものである。

日本国民は一九七〇年代に、突然のようにイスラム世界へ関心を向けるようになった。一九七三年と七九年の二回にわたって、〝石油危機〟が起こったからだった。それまで日本にとって、イスラム世界は地球の裏側にあるような縁遠い存在だった。

私たちはイスラムの教えを忠実に守ろうとするイスラム教徒を、「原理主義者」と呼んでいるが、イスラムに独特なものではない。アラビア語で「原理」は「ウスル」であって、本来ならイスラム教徒全員が「ウスリヤーブ」（原理主義）に帰依《きえ》していなければならない。ユダヤ教、キリスト教、ヒンズー教にも、原理主義が存在しているから、イスラムだけの現象ではない。

山本七平氏と対談を行なった一九七九年は、二月にイランにおいてイスラム世界で最初の原理主義革命となった、ホメイニ革命が起こったばかりだった。

山本氏は聖書学者として、知られてきた。山本氏がイスラム世界に暁通《ぎょうつう》されているのを、意外に思われる読者もあろうが、ユダヤ教とイスラム教は、〝戒律の宗教〟として共通している。ヨーロッパで育ったキリスト教は、中東生まれの一神教としては、変種である。

山本氏との対談はイスラムの本質と、イスラム社会の仕組み、その行動様式に光を当てようとしたもので、氏が亡《な》くなられたいま、この本の意義は深まりこそすれ、少しも薄れることはないと信じる。

なお、今回、新版を刊行するに当たり、対談当時の中東情勢を分析した部分を削除し、その後のイスラム世界についての現状と分析を、最終章に新たに加えた。

本書がイスラム世界について、理解を深めるために、ひろく読まれることを期待したい。

平成二十七年二月吉日

加瀬英明《かせひであき》

目次

第二章　「宗教」が「国家」に優先する世界　93

第三章 イスラムの近代化は可能か

――前途を暗示するレバノン、イランの失敗

第六章 イスラム原理主義の台頭と、その行方 加瀬英明 241

序章　イスラムを理解するための基礎知識

——日本人には理解できない宗教法体制とは何か

中東への無関心と偏見から

加瀬　イスラム世界、アラブ世界は、私たちにとってたいへん異質なもので、私自身、学生のころからイスラム世界というと、主として英文学を通して得たイメージを持っていましたので、どうしても偏見にとらわれていたわけです。

たとえばサマセット・モームの『人間の絆《きずな》』のなかにフィリップという貧乏学生が出てきますが、パリの下宿で、アングルの「オダリスク」の絵を貼っていた。オダリスクとはトルコの言葉で奴隷のことです。その女奴隷をモチーフにした官能的な絵を、フィリップ青年はピンアップ写真がわりに、たしか洗面所の鏡のわきに貼っていた。

シェイクスピアなどを読んでも、あのころのトルコ人は悪魔みたいなものに描かれていますが、キリスト教国にとっては、仮想敵国であり、鬼畜米英のようなものでしょう。だからいいイメージがないんですね。

それが「アラビアのロレンス」になると、砂漠のロマンティシズムを感じさせます。いずれにしても現実離れしたイメージしか湧いてきません。

山本　西欧の受け入れ方は非常に多面的でエキゾチシズムもあります。それが出てくるという点では、フランスのドラクロアの絵などもその一つで、トルコの世界を夢のように描きますし、フランス文学では、たとえばドオデエの『タルタラン』のように、日本でいうと夢の国へ行ってくるみたいな、そういうところもあるんです。またエジプトに住み込んで発掘に一生をかけた考古学者もいますし、メリメの小説にも、エジプト帰りをみんなが囲んでワァワァと質問する場面もあります。また『アラビアン・ナイト』の翻訳の影響もありますね。ですから、東方は悪魔のようになったり、幻想的な対象になったり、そういう形だったんです。ですから、日本でもその影響はあるでしょうね。イスラム世界は、日本には西欧を通じて入ってきたわけですから。

そして、つまるところわれわれは、それで済んでいたんです。明治以来、ヨーロッパとは一世紀以上もの付き合いで、戦争をすることも占領されることもなく、ある意味では相互理解できる面があり、また否応《いやおう》なく経験で理解している面もありますが、中東になるとぜんぜん関心がないし、持つ必要もなかったわけです。それが急に石油でクローズアップされ、関心を持たれはじめたわけです。

イスラム世界を、どう区分けして考えるか

加瀬　中世を通じてイスラムのほうが力を持っていたので、イスラムは、ヨーロッパで恐れられていました。それがヨーロッパが優位に立つようになると、恐れが強い嫌悪感に変わり、ときにはロマンティシズムによって包まれていた時期があっても、この嫌悪感は、基本的に今日でも変わっていません。

もちろん、このようなキリスト教圏の嫌悪感を、イスラム世界は敏感に感じ取っています。それも反発を生んでいますね。

岩波文庫の『コーラン』を読んで、意外にアラブに親しみを持ったことがありました。といってもこれは、われわれがヨーロッパを通じて、中東についての知識を漠然と持っていたという延長かもしれません。旧約聖書で知っている楽園の話が出てくるし、新約も出てくる。大天使ガブリエルがジブリール、アブラハムがイブラヒーム、モーゼがムーサー、キリストがイーサー、マリアはマリアムになって出てきますね。『タルムード』〔ユダヤ教の律法解説書〕も出てくる。われわれの知っている世界がかなり入っています。イスラムは、ユダヤ教、キリスト教とアラビア半島の〝ちゃんぽん〟のようなものですね。

山本　結局は、イスラムというのは旧約聖書的伝統から出てきたものです。もちろん、それ以前にも、この地方にはある種の文化があったわけです。ナバテア文化〔現在のヨルダン地方に首都ペトラを中心として、紀元前後に栄えた文化〕もその一つです。ですがアラビア語、アラビア文字が統一的に使われだしたのは、だいたいマホメット以降とみるわけです。もちろん、それ以前にはナバテア文化のほかにも、ローマ文化もキリスト教文化もあり、いまのヨルダン王国付近はローマ帝国アラビア州だったわけですから、その影響を非常に強く受けているのは当然です。したがってイスラム世界が一つの独自の文化として確立するのは、イスラム時代のそれも比較的後期になるわけで、総合的にみて黄金時代は西暦の八〇〇年代でしょうか。

学者によってはマホメットの出現を〝セム族の先祖返り〟とも言います。この言い方は少々問題だと思いますが、しかし、そう言う人もいるわけです。なぜそういうことが言えるかというと、たとえば、マホメットは、ヒラ山の洞窟でコーランを大天使ガブリエルから受け取った。これはシナイにおけるモーゼへの律法授与にきわめて近いわけです。それから、マホメットの性格がいわゆる預言者であり、政治的リーダーであり、同時に宗教的・民族的リーダーであるという形で、三つを兼ねています。これはモーゼの持っている性格と共通し、先祖返りという言い方をしますと紀元前一二五〇年ごろの状態なわけです。

ですから、ある面でセム文化のもっとも純粋な形態ともいえますが、この点はなかなかむずかしいわけです。キリスト教やローマ文化にはヘレニズムが入ってきているわけで、そこから逆な形で分離して、砂漠のなかで新しい宗教ができてくる。ですから、イスラム教の誕生を旧約聖書的伝統の、砂漠への回帰のような形で捉える人もあるわけです。

ですから、古代のセム族の伝統をいちばん強く持っているのはイスラム世界ではないかといえるわけです。といってもイスラム世界はたいへん広いので、けっしてこの点では同質でなく、〝体制としてのイスラム〟であるアラブ人と、伝道によってイスラム教化された〝信仰としてのイスラム〟と一応分けます。インドネシアなどでは、アラブの商人によってイスラム教が伝えられたわけです。もっとも体制によるイスラムに征服された国が、またほかを征服したという例もあり、これを中間形態と考えれば、イスラムという概念はまず、この面で三段階に分けていいのではないかと思います。

と同時に、ヒッティ（彼についてはあとで話します）が言っているように「イスラムとは宗教・文化・政治の三つの面をもつ生活様式」ですから、この三段階によって、重複して相互に作用している三要素の比率が違うと考えたほうがよいと思います。

そのうち、いま日本がいろいろな点で問題を感じているのは、体制としてのイスラムを採用したところでしょう。ですから、一応それに限定しますと、この体制としてのイスラ

中東イスラム世界

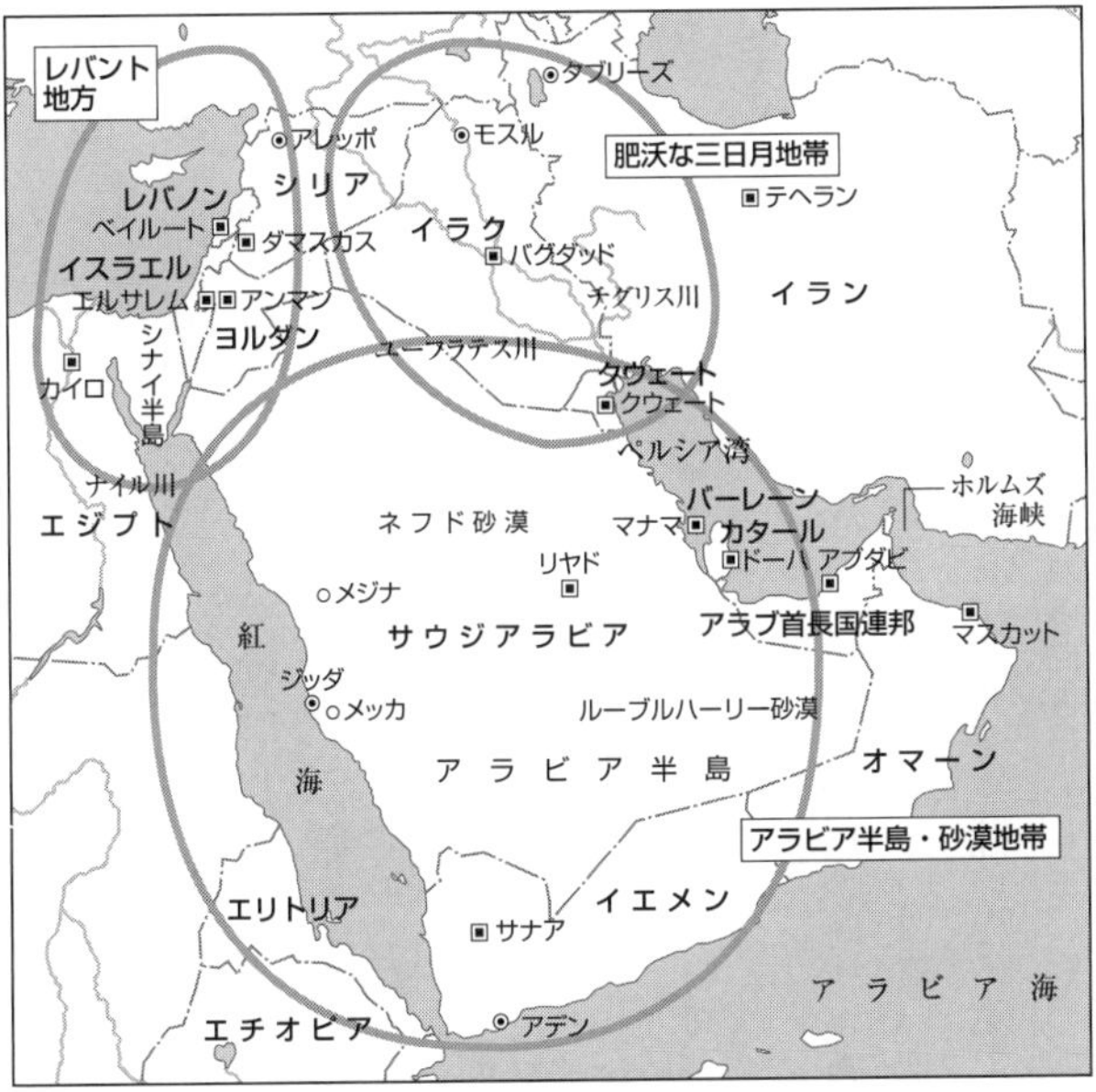

中東のイスラム世界は、大きく3つの地域に分けて考えることができる

レバント地方 ―― ビサンチン文化の影響を強く受けた地中海岸の地帯

肥沃な三日月地帯 ―― イラク、イランを中心とした地帯

アラビア半島・砂漠地帯 ―― マホメットを生んだサウジアラビアを中心としたアラビア半島全体。主に砂漠で占められ、その中央部であるネフド砂漠から、最も厳格な原理主義であるワッハーブ派が誕生した。

ムのなかも、けっして同一ではなく、そのなかの小文化圏という形で三つくらいに分けられると思います。

イスラムが進出したとき、ビザンチン帝国〔東ローマ帝国〕に入って、その文化をある程度受け継いだものと、ササン朝ペルシャ〔イスラム以前、四世紀にわたって中東を支配〕に入ってその伝統を受け継いだものと、原イスラムのような形で沃地《よくち》化したイスラムからまた分離したものと、この三つです。教派的には〈スンニー派〉と〈シーア派〉と〈ワッハーブ派〉とに分けられ、これがほぼ最初の文化圏的なイスラムの分け方です。

その後でオスマン・トルコが来て征服した地域という特質がさらに加わります。イランは別で、ここにはサファビー朝ができてくる。イラン以外の中東と北アフリカのモロッコ、それからバルカン半島もトルコ圏に入るわけで、これがだいたいトルコ体制の下で支配されていた地域です。

その後にヨーロッパの、ほんの短い植民地時代があります。

植民地の歴史は、イスラム圏によってだいぶ違います。アルジェリア、チュニジア、モロッコ、エジプト、それからアフリカを除いた中東で、それぞれ植民地化の歴史は違いますが、いわゆる中東と呼ばれる時期はわりあい短いのです。第一次世界大戦と第二次世界

〈略年表〉―― 中東の歴史（その1）

西暦	おもな出来事
BC525	アケメネス朝ペルシャがオリエント統一
BC327	アレクサンダー大王の侵入で諸国分裂
	エジプトにプトレマイオス朝（～BC30）
	シリアにセレウコス朝（～BC63）
	イランにパルティア王国（～AD226）
AD227	ササン朝ペルシャ建国（～651）、ゾロアスター教を国教化
〔6C～7C	ビザンチン（東ローマ）帝国と、ササン朝との抗争〕
610	イスラム教の成立
614	ササン朝ペルシャのホスロー二世がエルサレムを占領
622	マホメットの聖遷（ヘジラ）
628	ビザンチン帝国、エルサレムを奪回
632	マホメットが死去し、正統カリフ時代へ
661	ウマイヤ朝成立（～750）
〔7C後半	イスラム勢力が、小アジア、北アフリカへ〕
750	アッバース朝の成立（～1258）
751	唐と衝突、タラス河の戦い（製紙法の伝播）
762	バグダッド建設
〔9C	このころアッバース朝全盛、イスラム文化が栄える〕
1038	セルジューク朝建国
1071	セルジューク朝がエルサレム占領、この後、十字軍との戦い始まる
1299	オスマン帝国独立
1354	オスマン帝国のヨーロッパへの侵入始まる
1453	コンスタンティノープル攻略（ビザンチン帝国滅亡）
1492	グラナダ陥落。イスラム勢力がイベリア半島から撤退へ
1501	イランにサファヴィー朝成立（～1736）
1517	オスマン帝国がアレッポの戦いに勝利し、イスラム世界を勢力圏に収める
1520	スレイマン一世即位（～1566）。オスマン帝国の勢力大伸長時代へ
1529	オスマン帝国、ウィーン攻撃
1541	オスマン帝国がハンガリー併合、アルジェリア征服。全盛期迎える
1683	オスマン帝国、第二次ウィーン包囲。この後、帝国の衰退へ
1736	イランにアフシャール朝成立（～1796）
1779	カジャール朝、イランを統一
1798	ナポレオンのエジプト侵入

（つづく）

大戦のあいだ〔一九一七～四五年〕だけで、その前の一五一七年から一九一七年まで、ちょうど四百年間がトルコの統治下にありました。この期間は日本で言うと、だいたい北条《ほう じょう》早雲《そううん》から大正時代までです。

われわれは中東とは混乱ばかりしている世界だという印象を持っていますが、トルコが四百年間も統治していました。たしかにいろいろ問題はありましたが、一応、統治をつづけえたのはなぜかといいますと、トルコ体制が中東の文化にマッチしていたからだとも考えられるんです。

ではいまその系統にある体制ができたら混乱がなくなるか、といわれますと、そうなるかどうか、非常にわかりにくいとしか言えません。あらゆる意味でいま流動状態ですが、このトルコ時代がいちばん大きい問題ではないかと思います。したがってこの流動状態がなぜ起こるかを中東史という形で探究することが、たとえおおまかでも、ある程度、将来への予測を立てる基礎にはなると思います。

イラン革命の不思議

山本　日本ではイスラムといえばアラブ、アラブ問題というと中東、中東といえば石油、石油といえばイランとサウジとを頭に浮かべるわけですが、イランはもちろんアラブではなく、アラブすべてがペルシャ湾に集まっているわけではありません。またアラブ自体が大きな問題を内包しているわけで、それをすぐ直接的にイスラエルに結びつけるのも問題です。

イランにシーア派革命が起こり、急にさまざまな報道が増えたので、イラン人は非常に真面目なイスラム教徒のように受け取られがちですが、少なくとも過去におけるわれわれの通念においては、宗教法という戒律《シャリーア》ですが、これをあまり守っていなかったのがイラン人とトルコ人だったわけです。

このあいだも中東に進出している企業の方と話したのですが、サウジなどのアラブ人は本気で真面目です。本気でコーランに接し、子供が手を触れようとするとピシャッと叩《たた》くぐらいです。また女の人が工場に働きに出ることはない。イスラエルはユダヤ人が来て以来、たいへん西欧化しているように見えますが、ここでさえイスラム教徒の女の人が工場に働きに行けば大ニュースです。ちょっと日本では考えられません。

ところが、イランでは女の人が工場に働きに行っている。だから私たちはあそこは宗教法の順守において相当に適当な国で、アラブ人ほど真面目にやっていないと思っていたのです。これは定評で、トルコもけっしてその点では真面目ではないのです。たとえば、映像禁止という問題があっても、トルコはケマル・アタチュルクの画像を平気で掲げます。また私なども少々驚いたのは、イランでホメイニ師の画像を掲げてデモをしたことです。

加瀬 イスラム革命評議会の幹部だったアヤトラ・モタハリが暗殺されたときの葬式にも、モタハリ師の大きな顔写真をかつぎまわっていたでしょう。

山本 厳格なイスラム教徒なら、あんなことは考えられません。なにしろテレビで人物像を放映していいかどうかで、サウジアラビアのファイサル王は暗殺された〔一九七五年〕のですから。したがって厳格なイスラム教徒なら、画像を掲げてデモするなどということはできないはずなんです。

加瀬 ファイサル国王を暗殺したのは甥《おい》のムサイド王子でしたが、彼は精神に異常をきたしているということで処刑されましたね。彼のお兄さん、ですからこの人も王族ですが、彼が放映に反対してリヤドのテレビ局を襲撃したときに、警官によって射殺されたことに対する復讐《ふくしゅう》だったといわれていますね。

山本 そのくらい映像はイスラム圏では問題になるのに、イランでは平気で画像を掲げていますから、やはり違うんだなという感じはします。そこにどうして宗教革命みたいなものが起こるのか。あの社会は複雑な点があります。もっとも宗教法《シャリーア》もたいへんに複雑でして、コーラン、スンナ（預言者の伝承）が法源とされるのですが、それからの類推と、それに共同体の合意を加味したもの、これをイジュマーとキャースというのですが、これは各派・各地によって相当に違うようです。したがって、たとえ体制としてのイスラム内であっても、けっして一枚岩とは言えません。

加瀬　イランの場合、ただ、純粋な宗教革命かというと、それもちょっと問題ですね。

山本　それはたいへん問題です。これはアラブ諸国もそうなんですが、宗教的には絶対に反対できない大義名分を掲げると、だれも反対はできないのですが、しかしやりたくないことはあるんです。ある決議があったので、それについて新聞記者が質問したら、みなが顔をしかめて横を向いてしまったという例もあります。宗教的大義名分は、それを掲げられるといやといえない面があるわけで、これはイスラム世界全部に共通しています。内心は非常に近代化している人もいるわけですが。

人と人との契約という概念が、元からない

加瀬　イスラム世界ぐらいホンネとタテマエが違う社会はない感じですね。嘘をついて

も、相手を傷つけなければよい、というルールがあります。『コーラン』を読むかぎりでは、戒律が非常に厳しくて、さまざまな教えが出てくる。なかでも商道徳がくどいくらい出てきます。マホメットが、軍人であり、国家指導者であるとともに商人であったからですね。客をだましてはいけないとか、不当に儲《もう》けてはならないとか、細かく規定されているんですが、向こうに行ってみますと、コーヒーを啜《すす》りながら、お互いにタヌキの化かし合いみたいなことをやっているわけです。

山本 アラブとの話し合いは、オン・ザ・テーブルとアンダー・ザ・テーブルがある、という諺《ことわざ》があって、テーブルの上で話しているのとテーブルの下で話していることは違います。だから上のほうでどなり合いをしていても、下で握手しているかもしれない。しかし、日本のタテマエとホンネというのとも違いまして「文藝春秋」にユ・デ・カーン・ユスフザイというアラブ・ニュース〔サウジアラビアの通信社〕の東京特派員が書いていましたが、基本的な社会体制の違いと言うしかないのです。

いわゆる神というのは旧約聖書の神ですが、この「神中心」の世界では、神と人との契約という考え方はあっても、人と人との契約という概念が元来ないということです。先ほどのカーン氏は、イスラム世界も元来はそうで、人と人との契約という考え方が入って一世紀にならないと記していますが、イスラム世界を考えるときに、この原則をはっきりつかんでいないと間違いを起こします。お金の貸借を例にして説明しますと、たとえば私が加瀬さんにお金を貸す場合、なにも契約を結ぶ必要はないのです。その場合どうすべきかは、各人が神とのあいだで契約があり、そのとおりにするというタテマエですから、借りたものはどうすべきかは、人と神との契約で決まっている。その契約内容が同じだから、二人のあいだに契約は要らない。同一の頂点である神に双方とも同一内容の契約をしているから、結果において両者のあいだに合意が成り立つけれど、両者の話し合いにもとづく合意が先にあるわけではないんです。

これは旧約でもそうで、たとえば旧約聖書の申命《しんめい》記《き》には貸借について細かい規定があり、これは神と人との契約で、各人がこれを守るという形で相互の関係が成り立つ。これが宗教法の世界で、日本と違って、セム族の世界は古代から伝統的にそのような発想をするのかと思います。日本ですと、まず話し合いですね。

加瀬　ええ、法律よりもなによりも先に、なんでもいいから話し合う社会ですね。

山本　「天《てん》地《ち》神明《しんめい》に誓って」なんて言っても、先に話し合いがあって、その話し合いの結果、順守の保証を求めるみたいなことでしょう。天地神明と各人のあいだに契約があるわけではない。われわれの世界は話し合いが優先なんですが、その感覚でいくと、本当に中東はわからないところです。

たとえば加瀬さんと私が話し合いでものを決める。その合意が宗教法に反していたら、イスラム社会では、その話し合いははじめからなかったに等しいことになります。ですからあの世界へ行って、話し合いをするのは絶対に間違いなんです。どこでも日本流が通じると思って間違えるほうが悪いわけです。話し合いにもとづいた契約でも、宗教法に違反していないという前提がないかぎり無効が当然で、これがある社会です。

だから、中東関係者に言うんです。どんなに厚い契約書をつくっても、入札でたとえ落札しても、それだけではムダ。はじめからムダだということをちゃんと覚悟していないと、あの社会で仕事はできないんだと。極端な言い方をしますと、同一宗教宗派団体の内部でしか契約は成立しないということです。これは大きな問題です。

加瀬 アラブ人にとってはおそらく自己保身、一族の安全がいちばん優先するんでしょうね。アラブ人は自分を個人としてではなく、一族の一部として意識していますね。

山本 はい。強固な、本当の意味の血縁社会です。それから自己の属する宗教団体も絶対です。ですから、バハイ教徒〔十九世紀にペルシャの預言者バハイ・アリを始祖として興った宗派〉なども最近やっと日本でも知られて、銃殺されたイランの元首相のホベイダ氏はバハイ教徒であったか否かなどと問題になっているんですが、彼のお父さんはたしかにそうだということです。

　以上のような形になりますと、厳密な意味ではバハイ教徒のあいだでしか契約が成り立たず、ユダヤ教徒はユダヤ教徒のあいだでしか契約は成り立たない。そのため、それぞれが結社のようになり、この教団の内と外とでは国籍が違うような関係になってしまいます。したがって〈国民国家〉というものが成立しうるかどうか、相当に問題です。

加瀬　そういう一つの仲間集団ということを考えますと、日本でも同じ会社に勤めているとか、クラスメートとか、地縁で結ばれている同じ郷里の人たちとか、そういった擬似家族的なものがありますが、仲間集団で団結して利益を擁護《ようご》しあって、社会との関係でいうと、ときに、きわめて反社会的なものですね。ですから、そのあたりは日本人もわかるような気がするわけです。

　契約にしても、先日オーストラリアだとかニュージーランドとかと、砂糖や、牛肉とか、乳製品の輸入契約をめぐってもめていましたが、日本人には、日本人以外と結んだ契約はかまわないみたいなところがありますね。これは日本教ですか（笑）。アラブはそうやって考えるとわかるところもありますね。

山本　そうです。そういうような面もあります。変な言い方ですが、前述のカーン氏も日本と非常に似ていると言っています。似ているといってもこれは現象面で、基本構造はまったく違っているんです。ただ日本ですと、「よろしくお願いします」で話が通じますね。というのは、なにかの契約という意識はわれわれにはないけれど、潜在的な道徳律みたいなもので、こういう関係はこうすべきだということは決まっていて、その際に契約の必要はないわけです。「よろしくお願いします」と言われたから、なにをしてもいいじゃないかとは、われわれは言えないわけです。その点、感覚的にはたしかに似ています。

加瀬　アラブ人は、一族のなかで引っ越しがあると、パッと手伝いに来るとか、困っているときには助けるとか、生活文化のなかで、相互扶助が義務づけられています。これは当然、お返しを期待――そういう約束をするわけじゃないんですが――していますね。日本的な義理とか恩、つまり一宿一飯の恩みたいな、西洋にないものがあります。

アラブ世界に一物一価の法則は通用しない

山本　イスラエルのヘブル大学などに留学している日本人のなかには、アラブ人のほうが義理人情がわかって付き合いやすいと言う人もいるんです。そのかわり、そのなかに住んでいると、村の共同体の一員みたいにされてしまいますから、村内の結婚式もちゃんと行かないといけない。そういうことは不義理できないかわりに、住みよい点もあるようです。内と外という考え方は徹底した面がありまして、物を売る場合にも、共同体のなかの人間への値段と、そこに住む外国人への値段と、旅行者への値段ははっきりと別です。これは別に旅行者にボッているわけでなく、こうするのが道徳なのです。外来者と同じ値段で共同体内の人間に売るなどということは不道徳なわけです。

加瀬　日本は付き合い社会で、お互いに際限なく時間を使う。日本では時間でさえしっかりと自分のものにならない。お金も付き合いや、中元や歳暮のために使うので、稼ぎがしっかりと自分のものにならない。命ですら、自分のものでないというところがあります。アラブ社会でも似たようなことがあるんじゃないでしょうか。

山本　ええ、現象的には似た面があります。結局、前に話したことの裏返しの面ですね。この点イスラエルは、アラブ人とユダヤ人の双方が住んでいますからおもしろい現象が見られます。いわば文化の違いと心情の違いがはっきり出ているんです。たとえば、日本の留学生がユダヤ人の歯医者に行くとものすごく高い。オレは留学生で金がない。いかに金がないといったって、ユダヤ人の医者は絶対負けてくれない。あろうがなかろうが関係ないですからね。ところが、アラブ人の歯医者のところへ行きますと、貧しくてどうにもならないと説明すると、十分の一くらいでやってくれるというところがあるんです。ですから近代社会における一物一価の法則は、アラブ世界にはないと考えたほうがいいでしょう。

加瀬　商品には定価がなければいけないというのは、われわれの世界の発想ですね。

山本　ええ。たしかに一物一価の法則は、なにも世界共通の原則じゃないですからね。それやこれやで、たしかに心情的にはどこか日本人に似ているとはいえますすね。ヴェルブロフスキーという比較宗教学の教授が、日本には宗教法がないと言われているが、見えざる宗教がある、と言っていました。もちろん、日本の場合、法か否かというとたいへんに問題ですが、なにかそういうものがあって表向きの法律とは別に各人がそれに拘束されているとはいえるでしょう。少なくとも、彼らの社会から見ると、こちらがそう見えるのは事実でしょう。

加瀬　その意味でも、ユダヤ教もそうかもしれませんが、日本とイスラムはわりあい共通点があると思うんです。日本の場合、たとえば神道の神社がありますが、神社のなかに宗教が閉じ込められていなくて、私たちの全生活に浸透しているものです。イスラムもそうですね。キリスト教とちょっと違うと思うんですが、お酒を飲むのと同じように、キリスト教徒は教会のなかにいるときと祈っているときだけ、宗教に酔っ払うみたいなところがありますね。ほかのときは醒《さ》めている。だから、私生活と宗教的なものが同じだというのではないですね。

世俗的秩序と宗教的秩序は、どちらが優先するか

山本　前に申し上げたように、イスラムという概念は、宗教、政治、文化のすべてを含みますから、挨拶《あいさつ》の仕方まで規定されていて不思議ではないわけです。これが体制としてのイスラムのいちばん基本で、ヨーロッパでも中世はそうでしたね。ですから、教会法の時代は体制としてのキリスト教がありました。これが信仰としての宗教と世俗の法、すなわち聖と世俗という形で分離していったわけです。

その後、〈宗教改革〉から〈啓蒙主義〉、フランス革命、アメリカの独立を経て現在に至ったわけで、現代世俗社会の一つの原則を確立したのは、やはりアメリカの憲法なんでしょうね。

ですから体制はあくまでも世俗の体制であるべきで、いかなる宗教法もアメリカでは認められない。これが啓蒙主義の原則でしょう。宗教は個人的信仰に限られ、法はいっさいが憲法に準拠するわけで、この原則の確立は、西欧でもそんなに古いわけではありません。

そこで、こういう問題があります。日本人がイスラム教に改宗することは、日本の憲法は宗教の自由を認めているから当然である。ではコーランの規定どおりに四人の奥さんをもらっていいのか。しかも憲法には、結婚は両性の合意にもとづくと書いてある。みんな合意したんだから、どちらから見ても憲法に違反していない。それを重婚罪というならその法律のほうが憲法違反じゃないか、と訴えたらどうなのか。

こういうことは日本ではまったく問題にされませんが、アメリカではこの発想は憲法ではっきり否定されているわけです。憲法が絶対であり、宗教法はいっさい認めない。これがアメリカ憲法の原則の一つなのですが、そういうことは日本では注目されません。この原則はヨーロッパよりアメリカのほうが早いわけで、それがヨーロッパに舞いもどって、人権宣言となり、いわゆる脱宗教体制へと進むわけです。ですからアメリカの独立は、やはり、「アメリカ革命」と呼ばれるべきでしょう。

世俗的秩序と宗教的秩序、いわゆる肉の世界と霊の世界という二つの秩序を認めることは、宗教改革に出発点があるわけです。もっともこの発想はパウロにすでにあり、ある意味では彼も世俗と聖に分けているわけです。なにもかも聖典が規定するという考え方は旧約聖書が基本ですが、キリスト教にはこれを否定する一面もあったわけです。それをルターが確認しているわけで、宗教改革は一五一七年にはじまります。

加瀬　マルチン・ルターがローマ法王の権威を否定する提題を、ドイツのウィッテンブルグ城の教会の扉に打ちつけたのが、宗教改革の出発点ですね。

イスラムの運命を決めたオスマン・トルコの支配

山本　ところがまことに皮肉なことに、トルコのスルタン・セリム、俗にいう「冷酷王」がシリアのアレッポの戦いでエジプトを破り〔前年の一五一六年〕、中東を制覇したのがこの年なんです。アラブの史家にはこれを中東の運命の転機とする人が多いようです。たとえばフィリップ・フーリ・ヒッティ、この人はプリンストン大学の名誉教授で、前東洋語学研究所長で、レバノン生まれのアラブ人、ベイルートのアメリカン大学を出てアメリカに留学した非常に優秀な人です。最後にはプリンストン大学に招聘《しょうへい》されて市民権も取ったのですが、この人などは私からみて穏健なアラブ史家だと思います。ですが、こういう人でも、西欧に啓蒙時代《エンライトメント》の光が輝きはじめたそのときに、われわれは暗黒時代に陥《おちい》ったという意識があるんです。一五一七年が分岐点だったというわけです。ですから、トルコは諸悪の根源だという論理にどうしてもなってくるわけです。

たしかにこのあたりまでは中東と西欧の基本はあまり違っていないし、ルネッサンスぐらいまでは同じ水準かむしろ中東のほうが進歩していた。それがオスマン・トルコのため逆転したという意識がありますので、トルコへは特別な感情になるんですが、たしかに、このあたりで両者の決定的な違いが出てきたと、ある程度は言えるんです。一方はここから発展して啓蒙主義が起こり、アメリカという啓蒙主義国家ができて、それがまたヨーロッパに舞いもどって現代の一つの体制ができた。もう一方の中東はそこをトルコに押さえられたと見るわけです。いわばそこまで同じようにやっていきながら、イスラム社会のほうはトルコに拘束されて停滞を招いたとみるわけです。

加瀬　トルコによって支配されると、イスラム世界のいっさいの進歩が停《と》まりました。サラセン帝国〔六三二〜一二五八年。マホメットの後継者である正統カリフの時代と、ウマイヤ朝、アッバース朝を指す〕のときは、東はインドの西部から西はイベリア半島まで広がる絢爛《けんらん》豪華な文明を築きましたが、歴史に〝もし〟は許されないとしても、トルコに支配されなかったら、ずいぶん変わりましたでしょう。

山本　そういう見方もあるわけですから、アラブにとってトルコは諸悪の根源だということになってしまいます。自己の歴史を語る場合はトルコ時代を無視して、いきなりマホメットやサラセンの最盛期に心情的にもどってしまうんです。無理もないという気はしますが、七世紀から九世紀までの世界をいきなり現在にくっつけるのは無理です。

加瀬　アラブ人には屈折したような劣等感がありますね。日本人の劣等感はおそらく明治以降のもので、性急に無理な西洋化、近代化を行なったために、日本人の心の深いところに傷がついたと思います。それと似たような傷をアラブ人も持っています。それを日本人はヨーロッパによる植民地時代からくると思いがちですが、ご指摘のとおり、オスマン・トルコの腐敗しきった暴政の時代からきているものでしょうね。

山本　ええ、植民地とされた期間は、国々によってまちまちですが、中東そのものに関するかぎり植民地時代は非常に短いわけです。イギリスは、いつもそうなんですが、現地の体制には手をつけない。イギリス人というのは、まさに調査民族ですから調査は徹底的にしています。われわれはいまでもパレスチナのことを調べるにあたって、イギリス陸軍の調査記録がいちばん参考になります。

加瀬　アラビアのロレンスは、イギリス陸軍の地図班の調査係ですからね。

山本　本当によく調査したなと思うくらいです。また、イギリス人は非イデオロギー的で、同時に感情移入をしないで、物事を見たままに淡々と書いてくれますから、実に便利なんです。よくこれだけ調べあげたと思うくらい調べあげており、最近も問題になっているゴラン高原ですが（自衛隊ゴラン高原派遣）、このような辺境まで徹底的に調べあげています。いま私が持っているのはその海賊版なのですが、日本は資料皆無です。

しかしイギリスには現地の改革をしようという意識はないんですね。

フランスはちょっと違いまして、どこに行ってもパリ式でなければいけないし、ネクタイの色にいたるまでパリと同じでなくてはいけないという意識があります。ですから、西洋化につとめたのは、むしろフランスの植民地だろうと思います。これがレバノンとシリアです。パレスチナ、イラク、ヨルダンはイギリスの植民地です。ここにも、ある種の違いはたしかにあります。

それから、トルコ時代から、いまのサウジアラビアの中心、すなわちネフド砂漠はだれも手がつけられませんでした。メッカすなわちヘッジャースとペルシャ湾岸の首長国、アデン付近とオマーンはトルコが押さえていたわけですが、真ん中の砂漠地帯には手がつけられなかった。そこがつまり原イスラムみたいな形で残って、それがワッハーブ派〔十八世紀に出現したイスラム原理主義の宗派で、オサマ・ビン・ラディンもこの派に属する〕の中心地になったわけです。

多少は違いますが、ほぼトルコ的体制で中東のイスラム圏は統合されて、伝統的社会構造が固定化したといえます。西欧の植民地時代に、それに基本的な改革を加えられたという形跡は少なくとも社会構造、精神構造の点では見当たりません。まあ、加えようとしても加えられなかったのでしょうが、その結果、基本的な変化はないと見たほうがいいでしょう。

トルコ時代は前述のように四百年間、一五一七年から一九一七年までで、だいたい中東の社会構造の基本は、そのあいだに出来上がったと考えていいと思います。

ただ、イランがちょっと違うのは、この国ははじめからセム族の国ではありませんし、トルコ時代にもサファビー朝が出て、スンニー派のトルコに対抗してシーア派を国教としたという点です。

よく出てくるスンニー派とシーア派のことですが、この二つの宗派の分裂は歴史的にいうと六五六年にまでさかのぼります。この年、第三代カリフのウスマンが暗殺され、第四代カリフにアリが選ばれました。しかしその選出方法をめぐって対立が生じ、アリ支持派が後のシーア派に、不支持派が後のスンニー派に二分されたわけですね。この後、アリも暗殺されウマイヤ朝が成立すると、勢力を削がれたアリ支持派がシーア派を結成します。以降、複雑な経緯はあったものの、多数派のスンニー派に対して、シーア派は少数派で、スンニー派からは異端視されてきたわけですね。

加瀬　エジプトも、ほかの中東とはかなり違いますね。一般にエジプトはアラブだと言いますが、エジプト人が自分はアラブだと漠然と認識を持つようになったのはナセル〔エジプト元大統領。在任一九五六〜七〇年〕の時代からだそうですね。

山本　エジプトはアラブにあらず、という言い方がアラブにはあるんです。

加瀬　私がアメリカに留学しているころ、エジプトの学生がいて、おれはアラブではない、エジプトはアラブではないと盛んに言って、それを誇りにするわけです。ナセルの時代になってから、かつて日本が台湾や沖縄でやった皇民化教育じゃないですが、アラブ化教育をやった……。

山本　意識の改革はしばしば似た現象を起こすんですが、汎《はん》アラブ化教育にもその面があるでしょう。「二世の忠誠」という言葉がありますね。在米の日系二世が一一〇パーセントのアメリカ人になろうとしたような意識です。本来のアメリカ人は意識しないでもアメリカ人で、われわれも意識しないでも日本人ですが、意識的にアメリカ人であろうとする人間は「一一〇パーセント・アメリカ人」になってしまうといわれます。とくに戦前の排日時代は、日系であるがゆえに、よけいに意識的にアメリカ人になろうとすることがあったわけですが、ナセル時代にもちょっとそれが見られるわけです。もともとアラブでないという意識がありますから、逆に一一〇パーセント・アラブになろうとするのです。

同時に、イランにもそれがあると思います。セム族をイスラムの主体とすれば、ある意味において、アーリア系のイランは外様《とざま》です。ですから一一〇パーセント・イスラムと言いたがる面があるんだろうと思うんです。中東にいる人は、宗教法をあまり厳格に守っていないイラン人を知っているわけで、そのため宗教革命が起こったことを不思議がるわけですが、そういう現実があるゆえに、逆にイスラム革命という形で、イスラムが一一〇パーセント出てきたという面もあると思うんです。

ですから、そういう一時的意識はどこまで信用していいか、たいへんわかりにくいです。エジプトはもちろん、おそらくイランでも、いずれは現在のまた逆の面が出ると思います。イランでもエジプトでも、イスラム化される前に、すでに自己の文化を確立していたわけですから、追放されたイランのパーレビ国王がいわゆる「イスラム紀元」をやめて「アカイメネス紀元」にしようとした心理も、全国民のどこかにつねにあるはずです。イスラムの紀元をやめるということは、おそらく、宗教宗派を超えたイランという国民国家を志向したということでしょう。今回はそれが逆に出て一一〇パーセント・イスラムになったわけですが、国民国家志向的な意識も、イランには、どこかにあるだろうと思うんです。

中東に民族なく宗教あるのみ

加瀬　パーレビの場合は、やはりササン朝（二二七〜六五一年）への先祖返りですか。

山本　ええ、イスラム紀元以前に国家的系譜をたどろうということは、ササン朝からもっと古いアケメネス朝（紀元前五五〇〜前三三一年）までもどるわけでしょう。

エジプトには、それ以前のさらに古い遺跡も厳然とあるわけですし、またコプト（古代エジプトのキリスト教会）時代もあります。日本にはあまり知られていませんが、カイロにはコプト博物館があり、コプト文化を誇りにしています。なんといっても、かつてのキリスト教思想の中心地は、アレキサンドリア〔エジプト〕とアンティオキア〔シリア国境に近い地中海に面したトルコの都市〕で、初期の思想家はいずれかの教区の出身だったわけで、ローマがその中心として登場してくるのはずっと後です。ですからいわゆるコプト派は東方キリスト教の本家だったというわけで、そういう意識が潜在的にもあると思います。たとえば『ナグ・ハマディ文書』〔三世紀から四世紀にかけて古コプト語で筆記された古文書〕の発見〔一九四五年〕のときのエジプト政府の熱の入れようにもこれが見られます。

ただ統一国家にしようと思うと、脱宗教の国民国家、いわば宗教宗派を超えたエジプト人という意識の上に立つ近代国家を立てようとするよりも、汎イスラムという形で国民を統合したほうが早いわけです。そのため、逆に宗教体制という反動的体制にもどりたがるという面もあるわけです。これがイランにいちばんはっきり出ていると思います。

ただナセルはこれと違って汎アラブ・汎イスラムでその中心に自国を置くという形に、それを求めたわけでしょう。エジプトにはその素地があり、同時にそれから脱して国民国家となる素地もあると思います。

しかし、ユダヤ教徒もバハイ教徒もイスラム教徒も、みんなひっくるめて「信仰としての宗教」という形にして、体制としてのイスラムを排す。そして、世俗体制にもとづく、イラン人という国民意識をつくる、いわゆるネーション・ビルディングに成功するかというと、これは中東のどの国でもむずかしい問題で、イランはそれに一応は失敗したわけです。

そうなりますと、イラクやシリアは成功するだろうかという問題が生じます。中東で最初に国民国家の建設を試みようとして、それに失敗してしまったのは、実はレバノンです。近代化がいちばん早かったのはレバノンでしたが、皮肉なことにイスラムにおける革命家とか改革家は全部レバノンから出ているんです。

ちょっと皮肉な言い方をすると、ベイルートは、アラブの保守派から、アラブ世界における諸悪の根源みたいに言われた時代もあるわけです。アメリカはベイルートにアメリカン大学などというものをつくって、いつもながらのおせっかいをするわけです。しかし、アラブ社会のエリートには、あそこの卒業生が実に多いのです。

ですから、その近代化の本家本元が最初にバラバラになって、現時点ではすでに、レバノン国民という意識にもとづくレバノン民族国家はとうとうできなかった、という結論を出していいのではないかと思います。

レバノンは中東のいちばんの先進国ですから、先進国の歩んだ道を後の国々も徐々に歩むという一応の見通しを立てていいと思うんです。

では、レバノンがなぜ失敗したかということは、今後を占う一つの指標になるでしょう。ですから、その原因を探ることは、おそらく中東の現体制を理解するいちばんの基本です。

そして同じ問題はイスラエルにもあるわけです。もちろんイラクにもシリアにもありますが、イスラエルはいろいろな資料がそろっているので、これを例にしてみましょう。たとえばイスラエル北部にドルーズ教徒がいます。ドルーズ派とは、十一世紀にイスラム教シーア派の一派から派生したもので、教義が門外不出のため、ひじょうに謎の多い宗派です。それだけにコミュニティーの団結はきわめて強く、ドルーズ教徒は一種の自治政府を持ち、自己の宗教法にもとづく法廷を持ち、さらにはドルーズ軍団という自分の軍隊を持っています。これがイスラエルと同盟する形ですが、イスラエル国のなかに別の政府の別の軍隊が厳として存在しているわけです。

このことを日本の法学者に話しますと、いったいそれはどういうことだ、近代国家の原則に反すると言うんです。たしかに反するかもしれないんです。同時にドルーズ教徒出身者の議席をイスラエルの国会にも確保してあります。こういう非常に妙な形で、国家内国家というものが存立するわけです。これは近代国家の原則にたしかに反するんでしょうが、反する形でないと、あの社会は一応の安定が保てないということです。

ドルーズ教徒はシリアにもいますし、レバノンにもいます。イスラエル北部のガリラヤのヒッティンの丘に聖所がありますが、彼らはちょうどイスラム教徒が国籍にかかわりなくメッカに巡礼に行くように、そこに来るわけです。この巡礼はレバノン政府もシリア政府も止めることができないのです。特別なパスポートを持っていて、イスラエルの国境を自由に通過しています。

この話をすると、日本の法学者はまた、それは近代国家の原則に反すると言うんです。シリア、レバノンというのは、イスラエルと戦争をしている国でしょう。日本人の意識でいうと彼らはレバノン国民であり、シリア国民であるわけでしょう。それが戦争をしている敵国の国境を越えて自由に往復できるし、その敵国に聖所もあれば同宗の人びともおり、その軍隊まであるなんて、本来考えられないことだというのです。

そういう話をすると、あの社会はいったいどうなっているんだと、みんな言うわけですが、どうもこうもない。これがあの社会の現実であって、それぞれに国民という意識がなく、帰属意識は宗教集団にしかないわけです。

前に紹介しましたが、アラブ史の泰斗であったヒッティが「中東には民族なく、宗教あるのみ」と、はっきり定義しているのに、日本ではそれがピンとこないのです。

彼が言っているのは以上のような状態のことであって、民族国家としてのシリア国民という意識よりも、ドルーズ教徒という意識が先に立つし、民族国家としてのレバノン国民という意識よりも、マロン派〔レバノンを中心にする東方キリスト教の一派〕であるかスンニー派であるかシーア派なのかドルーズ教徒であるか、そちらの意識が先に立つわけです。

これは人間の意識の問題であって、それが近代国家の原則に反するといっても、その原則が果たして絶対かどうかということになりますと疑問です。

加瀬　日本や西洋の国家の概念を中東に持ち込むと非常に混乱しますね。民族と宗派が複雑に入り組んでいますから。これを固定させて、一つの体制として確立したのがトルコだというわけですが、これは後でもう一度話すことにしましょう。

第一章　マホメットとコーラン

――イスラム教の成立と爆発的勢力伸長の謎

商人でもあったマホメットの特異性

加瀬　ではイスラム教のルーツに入りましょう。いままで中東の現状をお話ししていただいたわけですが、マホメットが生まれてから死ぬまでの足跡をみますと、いまの中東の世界とあまり変わっていないところがあります。マホメットが死んだときには、あとに九人の奥さんが残された。それにもう一人、キリスト教徒の二号さん（というよりは十号さん）を残した。九人もいたら違反ですが、預言者だけは違うんでしょう。これは全部政略結婚です。氏族が中心になっているものですから。

宗教は一つの民族から外に出られないものと、ハイアー・レリジョン（より高い宗教）という世界的に普遍性を持っているものがあり、これは世界の三大宗教といわれているようにキリスト教、イスラム教、仏教とあります。それからヒンズー教、ゾロアスター教もそうです。ゾロアスター教とは、紀元前六世紀にペルシャでゾロアスターが開祖となってつくられた宗教で、拝火教ともいいますね。このなかで始祖が宗教家であり、商人であり、軍人であり、政治指導者であるのはイスラム教だけです。

マホメットは生まれる前にお父さんが亡くなって、六歳のときにお母さんも亡くなってしまう。そのためおじいさんに預けられるわけですが、当時のメッカは、インドとかエチオピア、イエメン、シリアを往復する隊商が集まる、当時の商業、金融の中心地でした。クライシ族が支配していましたが、マホメットは五七〇年ごろ、そのなかの小さな一族であるハシム家に生まれます。

おじいさんはアブドル・アル・ムッタリブという名で、おじいさんの亡き後はアブ・タリブというおじさんに育てられます。彼が二十五歳になるとき、ハディージャという四十歳の未亡人で親戚にあたる、かなりお金を持っている商人と結婚する。おじさんのアブ・タリブも商人ですから、それまでマホメットは、キャラバンといっしょに旅をしていたわけです。

当時のメッカは多神教で、カーバの神殿は日本の神道とちょっと似ているところがありました。すなわち祖先崇拝、精霊信仰です。東大の鈴木秀雄助教授が、林野庁のPR誌に書かれていますが、現在アラビア半島で石油が出る場所は、石油は大昔の木が腐ってできるのだから、その昔は森林地帯であった。多神教というのは、森林地帯のものである。だから、アラビア半島は昔は多神教で、砂漠化されてから一神教になったんだろうというのです。たいへんおもしろいと思いました。ブタを食べるのを禁じたので、羊や山羊が増えて若木を全部食べてしまったという説もあります。

山本　聖書の族長時代というと紀元前一六〇〇年ごろですが、このころまで、ヨルダンあたりは相当森林であったという記述はありますね。モアブの地は毛深いという記述が聖書にあり、これはおそらく森林を意味したのだろうという解釈はあります。ですから、いつごろから砂漠化したかが問題で、ある程度はわかりますが、森林だったかどうかというのは、私にはちょっと判断がつきかねますが……。

加瀬　マホメットは商人であり、軍人であり、政治指導者であり、宗教家であった。あるとき、私はアラブの人と話していまして、いまのアラブの支配者は、たとえばサウジにしても、同じところがあるんです。われわれから見ると政府の上層部の役人がもう一方で商売をするのは、なにか腐敗しているように見えると言うと、彼らは、けっして奇異なことではないと言うんです。マホメットがそうだったからでしょう。

山本　その点では「公私」という意識はないと考えたほうがよいと思います。イランでパーレビ国王の公私混同があったといわれますが、「公私」という意識がもしイラン人にあったら、たいへんな進歩であって、サウド家〔サウジアラビアの王家〕でもハシム家〔ヨルダンの王家〕でも、国家とは自分の私有財産のような感じなんです。これが中東のおもしろい点で、国名に人名がつくわけでしょう。サウド家のアラビアとかハシム家のヨルダ

マホメットの家系とその生涯

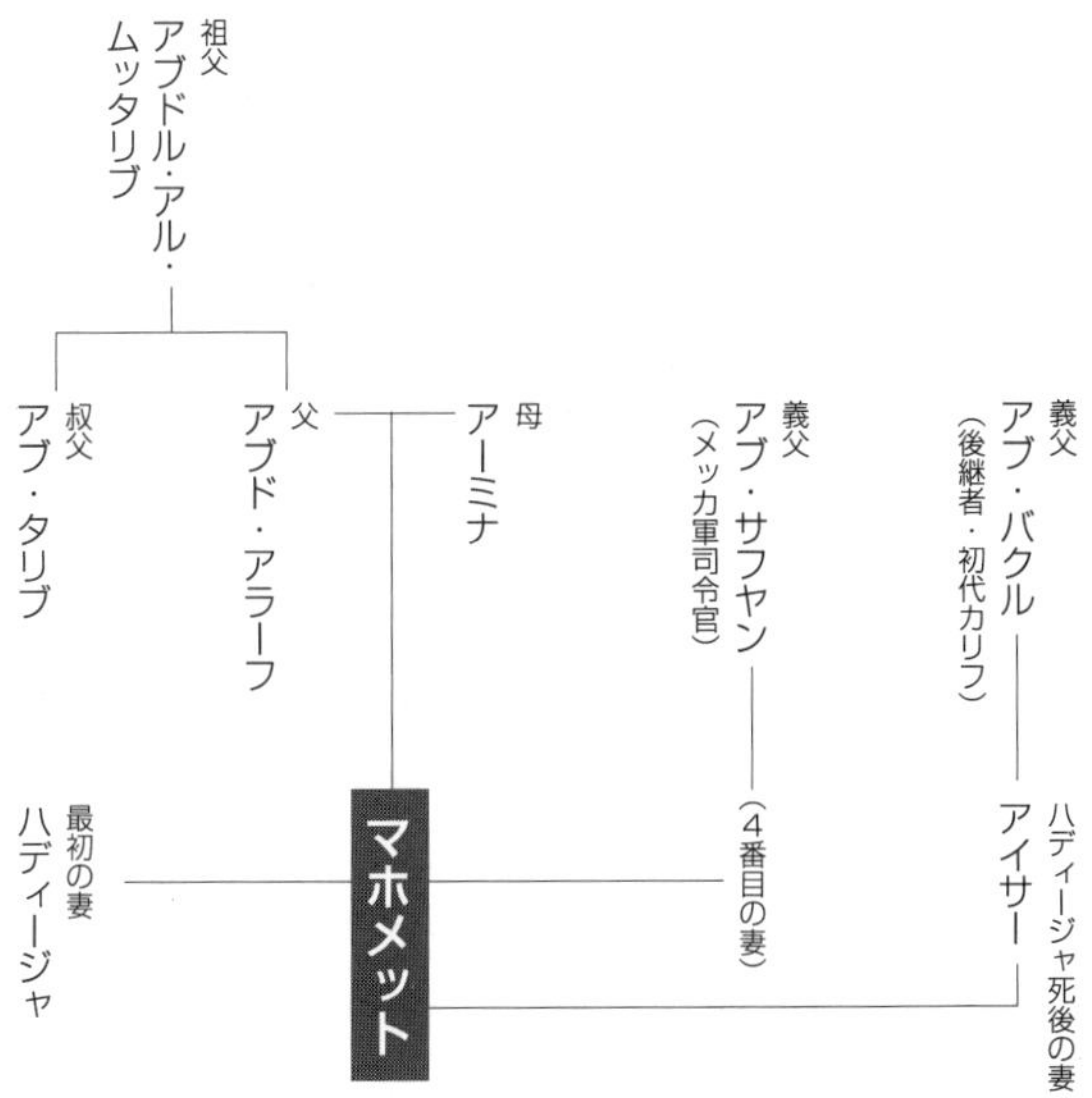

570年ごろ	メッカで生まれる
595年	ハディージャと結婚
610年	メッカ近郊、ヒラ山で啓示を受ける
622年	メッカを追われメジナへ(聖遷)
628年	メッカの軍司令官、アブ・サフヤン(義父)と和解
630年	メッカを無血征服し、カバー神殿の神像破壊
632年	死去
650年ごろ	初代カリフ、アブ・バクル(義父)の発案により『コーラン』の編纂

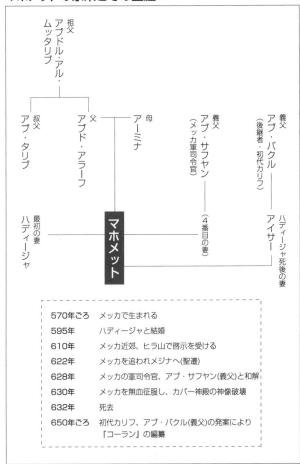

ンとか。
イスラエルはヤコブの別名ですから、エレッツ・イスラエル（イスラエル国）はヤコブの地というわけで、伝統的には国名は人名です。ですから、会社を持っているのも、国土を持っているのも、変わりないようなものですから、彼らにはちっとも矛盾がないと思います。こういう点が、たしかにわれわれと違いましょうね。たしかにマホメットもそうですが、起源はもっと古いでしょう。

加瀬　イスラム世界の基本になるのは、宗教のほかに自分の一族であって、マホメットの歩みを見ますと、氏族と氏族を結びつける作業をやりながら、自分の地位を築いていくわけです。マホメットは四十歳のときに町はずれのヒラ山で祈っているときに大天使ガブリエルから「あなたは神の使者だ」という啓示を受けます。その後メッカから追われて、六二二年にメジナへ行きます。何回かメッカと戦争をやり、最後に彼がメッカにもどるとき、もう奥さんのハディージャが死んでいて、ハディージャのあとに娶《めと》った四人目の奥さんは、メッカ軍の司令官だったアブ・サフヤンの娘ですが、この奥さんのつてでアブ・サフヤンと和解し、メッカにもどるわけです。ハディージャの死後にはじめてもらうのが、アブ・バクルの娘のアイサーですね。

中東勢力図の変遷（その1）

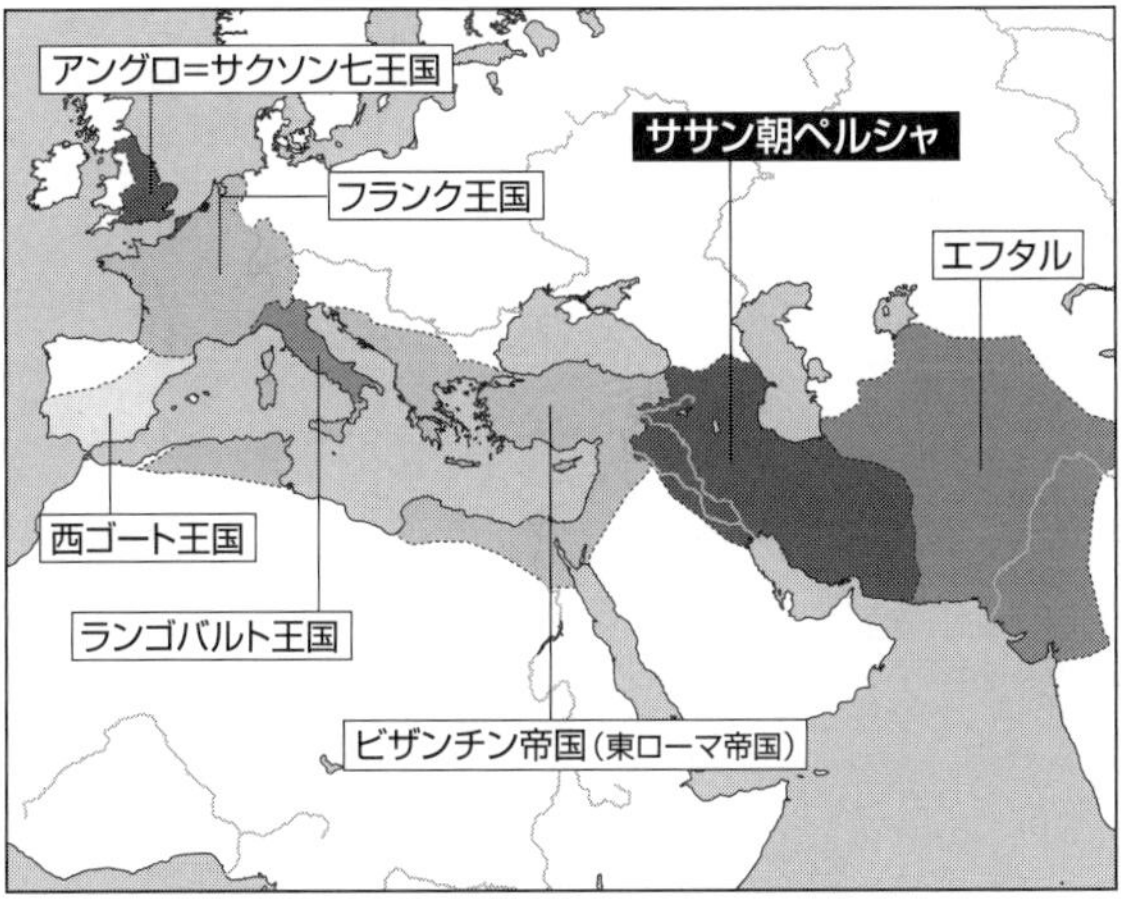

マホメット登場以前の中東（6世紀）

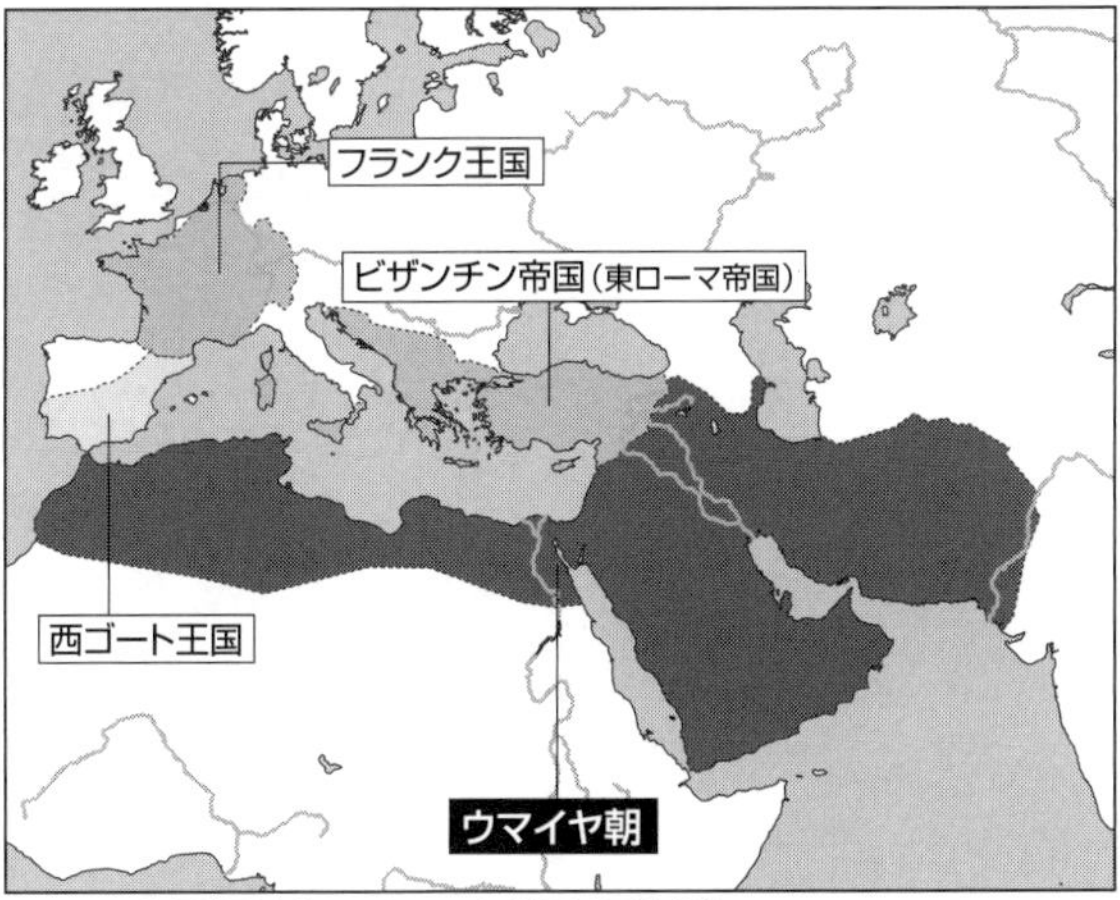

マホメット登場以後のイスラム世界（7世紀）

山本　スポンサーになったのが、最後の奥さんの父、いわばマホメットにも義父になるアブ・バクルで、彼が初期のイスラムを形成した実力者です。

加瀬　彼が初代のカリフ〔イスラム最高指導者〕として、マホメットの後継者になるわけですね。

山本　そうですね。正確にいうと「神の使徒の後継者《ハーファー・ラスール・アラー》」です。この人はたしかに傑物ですね。マホメットが死んで大混乱が起こったとき彼だけが平然として、「マホメットを崇拝していた者にとって、マホメットはたしかに死んだ。だが神を崇拝していた者には神は生きている。神は死に給うことはない」と言い、ついでコーランの一節「マホメットは使徒にすぎない。彼より前にも使徒はいた。もし彼が死ぬか、殺されるかしたら、お前たちは踵《きびす》を返すのか」を朗唱して人びとを静める。

またコーランの編纂《へんさん》はアブ・バクルの発案だそうです。もっとも定本ができたのは三代目のカリフ、ウスマンのときですが……。そもそもの動機は預言者がこう言った、こう言ったと、みんな勝手なことを言い出す。また記憶もうすれていく。これは非常に困るから、ちゃんと文章にしなくてはいけないということではじめられた。

実際にコーランができたのは紀元六五〇年前後といわれるのです。ウスマンは異本を全部破棄させて定本一本にしました。これが今日のコーランですが、さてこのなかでどれが本当にマホメットの言葉であったかは、学者は相当に問題にしております。

コーランと新約聖書の違いとは

加瀬　たしかカーライルだったと思いますが、コーランというものは、コーランを生んだ砂漠と同じくらい無味乾燥なものであると言っています。そう覚悟して読むと、たしかに聖書は文学的ですが、コーランは話し言葉で書かれていて、同じ話が何回も何回も出てくる。しかし、アラビア語で読むとたいへん美しいものらしいですね。コーランは、「声を出して読む」という意味だそうです。眼で読むものではなく詩吟のように朗ずるものだといわれます。そしてアラビア語の基礎をつくったそうです。ダンテの『神曲』がイタリア語の基礎をつくったようなものなんでしょう。

今でも全員がコーランを読んで、その言葉を日常生活で使うのですから、日本に譬《たと》えれば、『源氏物語』の言葉で話しているようなものですね。

山本　もっとも資料分析ではさまざまな問題点もあるようですが、それは新約聖書でも同じことで、長さもだいたい新約聖書と同じなんです。

新約聖書は思想的に一本化されているわけでなく、学者のなかには神学A、神学Bといった分け方をする人もいますし、さらにいろいろなものが、たとえば、四福音書も、パウロ書簡、ヨハネ書簡、黙示録も、牧会公同書簡もあるというわけで、非常に複合的です。違った意見、相矛盾する意見が出てきても平気です。たとえばヤコブ書とローマ書では言っていることはまったく逆だというようなところもあり、イエスの最期の記述も、四福音書はバラバラで、みな違っています。

でも、コーランにはそれがないんです。新約聖書のように相矛盾する文書が総合的に絶対化されますと、その矛盾のどちらをとっても議論が成立しうるわけです。これはさまざまな発想が出てくる基本になりうるんですが、コーランはそれが基本的にむずかしいと思います。これを信じるか否かで人間の生き方が決まってしまう。

新約聖書はそうはならない。そこが聖書の魅力なんでしょう。AはBであると言ったかと思うと、次はAはBでないと平気で言っているわけです。ローマ書に人が救われるのは信仰のみによる、行ないではないとあるのに、ヤコブ書にいくと、行ないであって信仰ではないなんて、いったいどちらが本当なのか。

聖書には、こうした矛盾が絶えず出てくるんですが、コーランの特徴は、それがないことですね。全体的につまずくところがない。ないがゆえに、これを絶対とするかしないか、二者択一になってしまうところがあるわけです。

加瀬　コーランを読みますと、ユダヤ教とキリスト教の影響が非常に強いのです。コーランによると、マホメットの前にアダムからはじまって、アブラハム、ノア、モーゼ、イエスなどのユダヤ教、キリスト教から借りてきた者に、アラビア半島に生きた者を加えて、二十八人の預言者が出ています。コーランには、ユダヤ人に対する愛憎というか、マホメットの心理がよく出ていますね。

山本　はい。これは非常に出ています。

加瀬　マホメットは、自分が神から授かった啓示が、旧約、新約聖書による啓示を完成すると信じた。そこでいちばんはじめに、メジナに行って、そこに住んでいるユダヤ人に期待をかけるのですが、冷たく突き放される。そうすると、それまではエルサレムに向かって礼拝をしていたのを、カーバ神殿のあるメッカに変えるわけです。そういったマホメットの試行錯誤が、実にうまく描かれていると思います。

なぜ、イスラム教が生まれたのか

山本　なぜメッカでイスラム教が生まれたか、社会学者とか政治学者はいろいろ言いますが、その前に、ササン朝ペルシャとビザンチン帝国とは、いまのアメリカとソビエトのように対立して泥沼戦争をずっとやっていたということを押さえる必要があります。その間、両者の南側はいつも前線の横腹になるので、たいへん危険を感じ、当時の第三世界に対して、両方で盛んに軍事援助や経済援助をしたりして、味方につけようとしていたわけです。

だから、アラビア砂漠の北端に双方の系統の小王国ができたという時代があります。

加瀬　いまの両イエメンの北端あたりですね。

山本　そのあたりです。同時に南アラビアへのユダヤ人の移住とユダヤ教の浸透があるわけです。

加瀬　このあたりは一時はユダヤ教に改宗した時代もありますね。紀元七〇年にエルサレムがローマ人によって占領された後に、ユダヤ人がイエメンに移住しますが、その以前からここにあったヒムヤル王国〔紀元前一一五～紀元後五二五年〕の末期には、ユダヤ教が国教となります。

山本　ええ、ですから、これは第三世界の将来ということを考えた場合、おもしろいのです。二つの超大国が泥沼戦争で第三者を味方につけようと、そちらを一生懸命援助すると、そこが逆に両方を征服してしまったという一つの寓話《ぐうわ》でもあるわけです。ですから、一生懸命アラブに援助したら、逆に石油で超大国の首根っこを押さえるということもありうるわけです。これを七世紀のイスラムの現象で考えると、おもしろいですね。

加瀬　ちょうどマホメットが出てきたのがタイムリーだったというのは、マホメットの運動も一種の社会改革運動だったことでしょう。

当時のメッカは貧富の差が激しくて、たいへん腐敗した社会であった。マホメットはお母さんが亡くなった後で、いまでいうベドウィンの牧童に預けられて育ったから、貧しい生活をしていて、そういうところに憤りを感じることになるわけです。当時メッカにはキリスト教徒もいたでしょうし、もともと一神教的な土壌があったところへマホメットが現われて、大天使ガブリエルから啓示を受ける。

ですから、よくいわれるように、ナポレオンが時代をつくったのか、時代がナポレオンをつくったのかということがありますが、時代がマホメットをつくったのは当然のことだと思いますね。

山本　そうです。というのは、これはマホメットだけじゃなくて、瞑想《めいそう》する人という一群の人間がいて、この人たちは、ユダヤ教的なあるいはキリスト教的な唯一神を信じて禁欲的な生活をしていた。ハニーフと呼ばれるのがその人たちで、そこにはいわば新しい思想として唯一神教の浸透がすでに行なわれていたわけです。マホメットもいわば、なんらかの瞑想をする人たち、すなわちハニーフの一人だったのでしょう。いわばマホメット以前にもそういう人たちが数多くいたわけで、その点では時代が彼をつくったと言えるでしょう。

加瀬　新約を読みますと、イエスに似たようなことをやっている人たちが、当時は多かったわけですね。

山本　ええ、ですから、マホメットもそうしたなかから出てきたのです。そうなったというのは、当時の影響がいろいろあるわけですが、ユダヤ教と、シリア派キリスト教のほかに、エチオピア派の影響が強かっただろうということは、多くの学者が指摘しています。この指摘はさまざまな点で根拠があると思います。たとえばマホメットがイスラムの初期の信徒八十人をエチオピアに亡命させようという計画を立て、現に実行しようとして、失敗したこともあるんです。

加瀬　すると当時のエチオピアの王は一神教ですから、イスラムの信徒がマリアを讃えるので、キリスト教徒が来たと思って迎え入れたものの、途中で気がついて追い出したということですね。

山本　ただ、六世紀のエチオピア王ネグスのときは、一時はキリスト教系難民として受け入れられるのですが、やがてクライシ族の中傷にあって追い出されそうになる。そこで彼らはコーランを読んでネグスに聞かせ、それで、よろしいということになって留まることを許されたという記録もありますから、少なくともエチオピア派には、類縁的宗教と思われたのでしょう。

エチオピア派はキリスト教でいういわゆる単性論に入りまして、三位一体という発想がないわけです。つまりイスラム教は、シリア・エチオピア派というキリスト教のなかではちょっと特異な派の影響を受けたということがいえます。たいへんおもしろいのはイスラムがシリアに進出したとき、コンスタンチノポリスからつねづね異端視されていたシリア派のキリスト教徒が、喜んでイスラムを歓迎したことです。キリスト教のなにを正統派とするか、たいへん問題ですが、少なくともイスラムへの影響は、正統派よりむしろ東方型のキリスト教の影響とみてよいわけです。

血縁社会の宗教、地縁社会の宗教

加瀬　イスラムは旧約と新約、ユダヤ教とキリスト教の両方から影響を受けたわけですが、旧約は荒野の指導者が描かれ、まだ部族の宗教ですね。要するに唯一神と神によって選ばれたユダヤ民族の関係ですが、それが新約になると神対個人、神と自分一人の契約関係に変わって、ここから西洋の近代的自我がはじまるわけです。

たった一人で全宇宙と対決する。西洋の小説を読んでも、だいたい魂の遍歴が描かれていますね。一つの魂がどういうふうに変わっていくか。日本の小説にはあまりそういうものがないですね。

やはりイスラム教はきわめて砂漠的なもので、自然が厳しいし、氏族で結ばれた社会でしょうから、旧約の影響のほうがはるかに強くて、新約のほうにある近代的な自我には影響を受けていないと思うんです。

山本　そうですね。しかし旧約はたいへんに膨大で複雑ですから、旧約全部の影響を平均に受けることはないでしょうね。旧約は民族主義的といわれますが、マラキ書のように、民族という発想が皆無といえるものもあります。私などがコーランを読んで、その類似からすぐ思い浮かべる書は、旧約外典のなかの「ベン・シラの知恵」です。これは宗教から日常訓まで入った、たいへんにおもしろい後期の書です。これもまたヘブル文学の一形態です。

また、なぜ旧約に多くの人が部族的ともいえる印象を受けるかと申しますと、セム族の社会は非常に厳格な〈血縁社会〉でして、砂漠で遊牧しているかぎり地縁は生じないわけです。原則として血縁だけで行動するのです。ですから、いまでもセム族の世界には血縁原則は非常に明確にあります。日本は擬制の血縁で、ちょっとあやしい社会ですが、セム族の社会では、どこまでも血縁を擬制で広げうるという社会ではないですね。血縁と非血縁がピシャリ分かれる。これはキリスト教がローマに入ったときと、非常に状況が違います。

ローマ社会はむしろ地縁の社会です。ですから、教会ができれば、その地縁にある者は全部そこへ来てよかったわけで、当時、教会のなかに入ってしまえば別人種になれる。ユダヤ人もギリシャ人もない。同時にローマ人もアフリカ系もないという形で、教会のなかに「第三の種族」すなわち「クレスティアノス（クリスチャン）」ができるという形になるわけです。いわば新しい種族の創出で、これがローマにとって危険だというわけで、迫害のもっとも大きな原因となったのです。

この状態は、アメリカを連想すると、だいたいわかります。アメリカはある意味において地縁社会ですから、アメリカという地域に入ってしまうと、それまでの血縁的系譜はいっさい無関係になります。貴族であろうと王様であろうと、そういうこととは関係なしにアメリカという空間に入れば、第三の種族であるアメリカ人にされて、その一員とみなされてしまう。血縁的系譜にもとづく封建的特権も宗教法も認められず、「アメリカ族」とされる。ローマはある程度それがあった社会で、キリスト教はそういう地縁的社会に入っていったわけです。ともに同じ新宗教がつくられたといっても、両者のほかの世界への入り方にはこうした決定的な違いがあったわけです。

すなわち、セム族の社会にはその前提がない。旧約はむしろ血縁ですから、歴史的事実はまた別ですが、十二族はヤコブの十二人の兄弟から出たという形になって、全部が血縁的体制をとるのがセム族の伝統です。むしろその面が強く出ていったということになるわけです。

加瀬　砂漠に地縁はないとおっしゃいましたが、だから、いまでもリヤドなどに行きますと、たしかに近代的ビルが並んでいるけれど、ビルに番地がない。これはベドウィンのころの伝統で、テントに番地をつけたって意味がない。次の日には、もうどこかへ移っている。じゃあ郵便はどうやって届くんだろうかとだれでも思うんですが、これは毎朝、私書箱へ行って受け取ってくるんです。

山本　遊牧民には番地はぜんぜん意味がないですね、たしかに。

加瀬　マホメットの生涯や、イスラムが興隆してくるところを読みますと、当時の有力な何族、何族のあいだの、ちょうど派閥争いみたいなものの歴史になっているわけです。今日でもそれは変わっていないところがあって、おもしろいですね。

山本　ええ、血縁原則は中東では変わらないと思います。ユダヤ人もやはりセム族ですから、血縁意識が非常に強いですね。やはり男系でして、イスラエルなんかでは女性上位みたいですが、いざ宗教的な問題になったら男系で、女人禁制の場所は、日本と違っていくらでもあります。これは男系男子の血縁社会という、セム族の伝統です。その伝統がいまでもちゃんと生きていて、これはあの社会の特徴です。

加瀬　コーランを読んでも、女性蔑視《べっし》が強いですね。もっともユダヤ教、キリスト教についても、そうですね。旧約聖書の創世記ではアダムとイブが楽園を追われるわけですが、注意して読むとアダムには名前がありますが、イブは名無しの権兵衛なんです。追い出されてからはじめて名前が付きます。それまでは「女」としか出ていません。

山本　これには少々翻訳の問題もあるのですが、アダムは「人」の意味で、イシャが「人」または「男」の意味ですが、創世記の記述は言葉の遊びもあるわけです。イブがアダムの肋骨《ろっこつ》からつくられたところで、「男からとったものだから、女と名づけよう」と訳されているところがありますが、あれは「男《イシャ》」からとったから「女《イッシャー》」と名づけようというしゃれなんです。

加瀬　ユダヤ教は父性社会ですから男女の差別が激しいのですが、コーランを読むとさらに激しいですね。たとえば、「女は男の畑」であるとか、「アラーはもともと男と女との間に優劣をおつけになった」と書いてあります。さらに、イスラムの天国の描写がありますが、天国へ行くと、まず、美しい川がさんさんと流れ、濃い樹影があって、緑が茂っている。アラビア半島には水源地から海まで結ばれた川が一本もないんです。オマーンから北イエメンくらいまでのところは、インド洋からやってくるモンスーンによって雨が降ります。ローマ人は「アラビア・フェリックス」ですか、「幸福なアラビア」と呼んだ。それからサウジのあるあたりは「アラビア・ペトラエ」、「岩ばかりのアラビア」というわけです。ですから天国といえば、川が流れているのが第一の条件で、たいへんおいしい果実が日々の糧《かて》として供される。

そして、清浄無垢《むく》の妻たちをあてがわれる。そこに永久に住む。いいかえれば処女妻を与えられるわけです。いままでの女房はぜんぜん関係がなくなるのです（笑）。そして地上で善事を行なった数だけ、これらの処女妻たちと交わることができます。そのうえ何回交わっても、彼女らは永遠に処女である。アラブ世界では、いまだに花嫁が処女であることが絶対的な条件になりますが、やはり家中心の社会であるからでしょう。

イスラム社会では、女は男の財産なんです。だから、一人占めにすべきものです。娘は、結婚するまでは父親の財産で、結婚すると夫の財産になります。

メッカのカーバの神殿は、もともとは多神教の神殿で、アブラハムとその子のイシュマイルがつくったといわれますが、イスラムの礼拝の対象になるわけです。アラーは多神教の、日本なら天照大御神にあたる、最高神の名だったのです。しかし、多神教の神殿をそのまま乗っ取って、変えてしまった。これはマホメットがメッカにもどるためには、多神教のころからカーバ神殿にはアラビア各地から巡礼が集まって、それがメッカの市場を賑わしていたので、神殿の役割を保存する必要性があったのですが、いまでも当時の多神教の儀式を多く、そのまま受け継いでいるんです。

たとえば、メッカへの巡礼は、イスラム教徒で、健康で一定以上の収入のある者は一生に一回は必ず行かなくてはいけない。最近、メッカの写真が週刊誌に載っていましたが、見渡すかぎり木が一本もない、恐ろしいところです。そのうえ不衛生きわまりない。そこに何十万の人が押し寄せる。いまではかなりよくなっているんでしょうが、一九二〇年代の記録を読むと巡礼は炎天下の苦行で、死者が続出し、十人のうち何人かは死んだようです。

今日でも巡礼が聖地のカーバ神殿に着くと、黒い布ですっぽりとおおわれた神殿の聖なる石のまわりを、聞くところによると素足になって左から右へ三回走って回って、今度は四回歩いて回る。それから町はずれにあるサッファー、マルワの二つの丘に登って、七回そこを駆けて往復するんです。これも多神教の時代から行なわれていたことです。それから、石を拾って投げたり、生贄《いけにえ》を捧げたりします。何十万頭という羊や、牛、ラクダの死体が、炎天下、見渡すかぎりの血の海に浮かんでいるという。腐った臭いもすごいものらしいですね。

もともとアラビア半島に住んでいた人は、マホメットが生まれたころは母系社会だったようです。一夫多妻でなくて、一妻多夫であったようですが、マホメットの時代にはだんだん一夫多妻型に変わってきていたんですね。

山本　そのへんのことは私もよく知らないのですが、たしかにマホメットはいまでいう入夫です。しかし少なくともコーランの男女のあいだの規定は「男は女を監督する」ですね。

イスラム帝国のすさまじい軍事的発展

加瀬　このように、いろいろ社会が変わりつつあったところに、マホメットが出現してきたわけですね。それからもう一つ、先ほど言われたようにビザンチン帝国（東ローマ帝国）とササン朝ペルシャが泥沼戦争をやっていて、マホメットがかなり力を持つようになったころには、ビザンチン帝国が優勢となり、ペルシャ軍はいたるところで敗れるわけです。

いまのオマーン、イエメンあたりですが、それまではペルシャの軍事力によってビザンチン帝国に対抗していたのに、それがなくなってしまったから、今度は新興のイスラム軍団に頼るようになります。

山本　ちょっと、いまと似ているんですね。

加瀬　ええ。そのうちにだんだんマホメットの力が大きくなって、マホメットの死後十年たちますと、イスラム教は支配的な勢力になりますね。これもうまく漁夫の利を得ています。

山本　そうです。六二二年にメジナからメッカを攻略するときに、マホメットは貧乏な人間をメジナに集めたりしたわけですが、そのなかにササン朝ペルシャ軍の傭兵であった人間がいて、それが新しい軍事技術をもたらしました。それによってメッカを攻略できたという話もあるわけです。

ですから、いろいろな面でササン朝とビザンチンの両者の影響を受け、そのことによってイスラムは大王朝となるわけです。基礎をつくったのは、やはりマホメットの最後の妻の父親であったアブ・バクルでしょう。最初、遊牧民たちはマホメット個人に忠誠だったわけで、彼の死とともに離反がはじまり、徴税吏を追い返し反乱を起こすわけですが、これをアブ・バクルが二年間で平定して基礎を定めたわけです。これがいわゆる「背教《リッダ》」の戦いで、ここで王朝の基礎ができたわけです。

しかし、その後の王朝は、まことに不思議なことに、だれかちゃんと指導者がいて、その総合的計画にもとづいて膨脹していったわけではないのです。内部で絶えず争いながら、外へふくれていったわけです。その速度たるやものすごいもので、西暦六三三年にシリア、六三九年にエジプト、六四〇年にペルシャを征服していますが、その間の内部的混乱もすごいもので、六三四年にアブ・バクルが殺され、六四四年にその後継者ウマルが殺されてウスマンが権力を握り、そのウスマンが六五六年に殺されアリが跡をつぎ、そのアリが六六一年に殺されるといった具合なんです。

これは社会学者の見方ですが、遊牧民は人口が一定量になると否応なく外へあふれ出ざるをえない。アラビア半島はこの膨脹を何回も起こしているわけで、人口が限度を超えると外へあふれ出る。オアシス農業であれ、遊牧であれ、養える人間はおのずから限度があるのですから、人口が増えると外へ出ていかざるをえない。ですから肥沃な三日月地帯は有史以来絶えず侵略を受けながら、侵略者がまた定着して文化をつくっていったわけです。イスラムとはその最後にして最大のものであろうと言う人もいます――もっともいまでは最後かどうかは相当に疑問ですが。

モンゴルの場合も遊牧民があふれ出ていった最後のものであろう、と言われましたが、これもまた最後かどうかわかりませんが。ですから、イスラムの膨脹もそういう一つの社会現象であって、ローマが行なったような厳密な政治的見地にもとづく侵略ではないんです。

加瀬　要するに共同謀議による侵略ではないので、東京裁判とかニュールンベルクの裁判はできないわけですね。

山本　ええ、できないです。そういう要素は見られません。ですから、なぜこんなに内部で混乱しながらこんなに外へ膨脹していったんだろうと、一種不思議になるわけです。いわば押し出していく社会現象が背後にあり、これがあふれ出ることにマホメットが火をつけたという感じもするわけです。一宗教による宗教的統一は、必ずしも外部への軍事的発展になるとはかぎらない。サラセン帝国の成立というのは、この二つがうまく結びついて、イスラムの緑の軍旗を掲げて外部へあふれ出ていったんだろうと思います。

加瀬　マホメット当時の時代から、あのあたりでは闘争が常態で、男はみんな戦士であるわけです。

いまでもアラブはそういう面を持っています。たとえば、北イエメンに行きますと、みんな自分で武器を持っています。アフガニスタンなどもそうですね。日本では、男にとってダンヒルのライターとか、モンブランのペンなんかがステータス・シンボルになっていますが、いまのアラブ世界では、カラシニコフというソ連の自動小銃がステータス・シンボルなんです。

去年（二〇〇四年当時）、外国の新聞に出ていましたが、ＯＰＥＣ〔世界石油輸出国機構〕の会議があって、石油の値上げが決まったときは、アラブの石油大臣たちがカラシニコフを頭上にかざして、輪になって踊ったという記事があります。

マホメットは何回も何回もキャラバンの略奪、フランス語から入った英語で「ラジーア」といいますが、それをやるんです。もとはアラビア語が訛《なま》ったものですね。ちょうどメッカからシリアへ行くルートの途中にメジナがありますが、マホメットは自ら率いて隊商略奪をやるわけです。片手にコーラン、片手に剣といわれますが、われわれが考えているような聖戦ではないわけですね。

山本　メッカとシリアとのあいだには、実に紀元前一六〇〇年ごろにすでにキングス・ハイウエイ——王の大路と訳していますが——という道があって、トルコがメッカへの巡礼鉄道をつくったときもそのルートでしたが、実に三千年以上も前からの、中東史はじまって以来の貿易ルートです。あれを遮断されるということは、ダマスカスへの道を遮断されることで、メッカにとっては致命的です。

加瀬　それは後にアラビアのロレンスがやった手口ですね。

山本　ええ、あれは実に古いルートなんです。昔のルートは井戸とか泉とかを伝って行くので、それが点々とないところはルートになりえないわけです。

勤労的人間は、人間のクズ

山本　こんなことを言うとまた問題を起こすかもしれませんが、イスラム教では、いちばん下層の〝だらしがない人間〟は労働する人間とされているんです。とくに土を耕すのは〝勇気のない人間〟がやることであって、勤労的人間は人間のクズということなんです。

加瀬　サウジアラビアの耕地がいまでも一パーセントそこそこで、オマーンは一パーセントちょっと、いちばん高いのは北イエメンで五パーセントです。

山本　つまるところ、砂漠を動いて略奪するほうが、土を耕す人間よりも立派なんです。フェラヒン〔農民〕というのは、ある時代、軽蔑なんです。いちばんだめな人間がやることです。これがイスラム社会でいちばん大きな問題で、勤労は美徳という意識は出てこないですね。勤労をしなくてはならない人間は下層の人間で、労働は奴隷のやることなんです。

加瀬　話が飛ぶかもしれませんが、東洋では、中国とか韓国とか日本でも、楽しみとしての運動、スポーツをするということがなかった。蹴《け》まりが昔あったくらいです。中国と朝鮮では、体を動かして労働することは蔑視されていました。日本では武士でも時に畑を耕したものですが。おかしな話なんですが、日本が韓国を併合する前に、漢城と呼ばれていた京城に、アメリカの公使館ができました。あるアメリカの学者が書いているのですが、当時の韓国の皇帝がアメリカ公使館へ遊びに行ったら、庭でアメリカの外交官がテニスを楽しんでいる。それを見て、どうして召使いにやらせないのかと言ったそうです。これは本当にわかりますね。

山本　そうなんです。肉体を動かして汗をかくのは、けっして高級な人間のやることじゃないと言うんです。しかし、ユダヤ教には勤労を美徳とする伝統がありまして、労働することは五書《トーラー》（聖書の最初の五つの書）を学ぶことと同じであると言っているわけですが、なぜこういう伝統ができたのか。やはり農耕地への定着を宣言した、いわば幕屋の神殿から恒久建築への転換を宣言したのがダビデ王のときですが、それ以来、ユダヤ人は、パレスチナという勤労しなければ生活していけない地に立っていますから、意識の変化があったんでしょう。

ラビは元来は教えることで収入を得る職業ではなく、自分が労働して収入を得て、無給で教えているということに無限の誇りを持っていたんです。パウロでもそうです。天幕づくりで自活しつつ伝道をしても、人から金をもらっていないということに、たいへん誇りを持っている。

加瀬 ですから、偉いラビのなかには羊飼いだったり、靴屋、大工、炭焼き、サンダルづくりなど、いっぱいいるんですね。

山本 そうです。有名なラビ・アキバは炭焼きです。人夫もいます。しかも労働中は絶対に教えず、契約労働が終わってから教えた。こういう伝統は、やはり砂漠のベドウィンでは出てこないんでしょう。勤労はイスラエルだけでなくレバント〔小アジアからシリア海岸までの中近東の別称〕人の特徴で、レバント人はアラブ人にあらずという言い方もあるんです。パレスチナからシリア、レバノンにかけての地中海側は、ちょっと砂漠のアラビアとは意識が違うわけです。

ササン朝ペルシャとビザンチン帝国の共倒れ

加瀬 聖書にはパレスチナについて「乳と蜜流れる国」という描写がありますね。しかし、日本から行くと、岩に緑が少しだけ生えているところがなぜそうなのだろうと思いますが、アラビア半島の砂漠から見たら、本当に天国ですね。

山本　パレスチナ天国論はずいぶん昔から、いわば紀元前一九〇〇年ごろからあるんです。有名な「シヌへの旅」でもパレスチナは天国です。シナイを通過していくと、岩ばかりですから、あそこまで来ると本当に天国です。

加瀬　エデンの園は、いまのホルムズ海峡あたりの小さな島であるという説が最近ありますね。

山本　ディムルンですね。でも、これはなんともいえないでしょうね。そういう仮説も立てうるということでしょう。

いずれにしても、簡単に言いますと、イスラムは、二大強国が二百年戦争という馬鹿なことをして非常に衰弱したときに、自然にあふれ出てしまったという感じですね。そして決定的だったのが、六一四年のササン朝ペルシャのホスロー二世によるエルサレム占領と、ビザンチンによるこの奪回〔六二八年〕という大戦争ですね。これは両者とも得るところなき戦争で、いわば共倒れです。

加瀬　米ソが相討って、お互いに共倒れになって、鄧小平《とうしょうへい》以下、みんな喜んだという図式ですね。

山本　そういう形になるんです。それまでさまざまな援助をしていたのが、逆に自分たちを征服してしまった。ただし、そこに一つ特徴があります。トルコになると別の問題が出てくるわけですが、アラブ人は小アジアを攻略しそこなった。つまりアンティオキアからタルソスの付近まで行けたけれど、やはり彼らは騎馬隊が主力ですから、タウルス山脈を越えられなかった。そのため小アジアとバルカンはビザンチン帝国が保持しつづけたということです。小アジアはそのずっと後で、トルコ時代にはじめてイスラム化した。当時のトルコ系諸民族はイスラムから見るとたいへんな後進国で、これが傭兵隊のような形でまず北から入ってきて、ついで最終的には小アジアからバルカンを押さえて、逆に自分たちの先輩であるアラブを支配してしまったという形になるんです。

これもいわば、肥沃な三日月地帯の太古からの原則で、南からあふれ出て行ったのが北へ伝播《でんぱ》していって、北がイスラム化しますと、今度は北の砂漠から南へあふれ出て行くという運動になるわけです。最初の運動が南から北へ、第二運動が北から南へというわけです。これは今後ともありうることだと思っています。

結局イスラムは、ササン朝ペルシャと中東全般から、小アジアを除く地中海南岸一帯から、中央アジアのアラル海、カスピ海沿岸、コーカサスからインダス川にまであふれ出まして、ついにスペインまであふれ出て、フランスのトゥールまで達するということになります。こうなるとおもしろいことにメッカは逆に勢力を失う。すぐダマスカスとメッカの対立になるわけです。

エルサレムはなぜ、イスラムの聖地なのか

山本　よく聞かれるんですが、マホメットが足を踏み入れたことがないのに、エルサレムはなぜイスラムの聖地なのかと。メッカ、メジナに次ぐ第三の聖地といわれるのですが、ここにカリフ・アブドル・マリクが岩のドームを建てたのが西暦六九一年で、非常に早いのです。歴史家の意見では、このときメッカと相対立するには、自分のほうにちゃんと聖地がなくてはいけない。マホメットもはじめはエルサレムの方向を礼拝していたわけで、こっちのほうこそ聖所だという形になったんだろうというのです。岩のドームのなかの聖岩からマホメットが昇天したとか、馬もいっしょに昇天したとかという言い伝えもあります。

加瀬　嘆きの壁の上にあるモスクに、マホメットがそこから昇天して、馬を駆って天を巡ったという大きな岩がありますね。

山本　ええ、それが聖岩です。元来はダビデがここに祭壇を築き、ソロモンが神殿を建てた場所です。たいへん皮肉なんですが、そこがイスラムの聖所になってしまった。あれはある意味においては、イスラムが急激に沃地へ進出してきて、逆に砂漠に優位を主張する形になったという、おもしろい現象の記念碑みたいなものです。

これはアラブ史家、とくにヒッティなどの言っていることですが、イスラムの不幸はどこにあったか。イスラムの不幸と言っていいかアラブの不幸と言っていいか、それは砂漠から都市へ直行してしまったことだと。農耕時代を経ないで、いきなり都市に入ってしまった。これがあとあとまでイスラム社会と中東に決定的な影響を与えてしまったというわけです。ですから、このあたりにあの社会の大きな特徴があると思います。

同時に、これもヒッティの言葉でしたが、この進出は西ローマ帝国に対するゲルマン人の進出と本質的には変わりがなかった。ただ、変わっている点があるとすれば、ゲルマン人のほうは侵入してきて、逆にキリスト教に教化された。ところが、イスラムのほうは出て行って逆にイスラム化した。この点に、あとあとに至るまでの両者の違いが生じているわけです。

ですから、イスラムはササン朝ペルシャ文化も継承しましたし、ビザンチン体制もほぼ

イスラム世界の五つの階級

第一階級	**イスラム教徒**	
第二階級	**マワリー**	=イスラム教への改宗者
第三階級	**ジンミ(聖典の民)**	= キリスト教徒 ユダヤ教徒
第四階級	**偶像教徒**	
第五階級	**奴　隷**	

〔マワリーを除いて四階級とする場合もある〕

そのまま継承しているんです。いきなり都市へ入ってしまって、どうしていいかわからなくなったというわけです。しかし、この継承したという意識を消してしまったわけです。

加瀬　イスラムは、占領したところでは、あまり自宗を強制しなかったですね。ただ、税金だけ取った。

山本　これがおもしろい点で、あとあとに至るまでイスラム体制のガンになったと私は思うんですが、ローマの体制は、ローマ人でなくてもローマ市民権を持っている移住者〔コリニ〕、その下にギリシャ系市民、その下の原住民、その下の奴隷の四階層に分かれています。ビザンチンもほぼ同様で、イスラムはこれをそのまま継承しました。いわゆるコリニの位置にイスラムがきて、第二階級、ギリシャ系市民の位置にジンミがくるわけです。ジンミとは「聖典の民」という意味で、キリスト教徒、ユダヤ教徒をいい、これが第二階級です。それ以外の宗教、すなわち偶像教徒が第三階級、それから奴隷という体制です。第一、第二階級のあいだにマワリー（改宗者）を入れて五階級とすることもあります。また偶像教徒がなくなってからは、それを抜いて四階級にもできます。

ですから、ローマ的体制が最後まで残り、奴隷と徴税請負制が最後まで残ったのが中東であることは、少しも不思議ではないのです。ビザンチン型を継承し模倣しても、自己の農耕文化を持たなかったことは、イスラムの性格の基本をつくったと思います。

加瀬　第二次大戦後でもサウジアラビアやあのあたりは、まだ〈奴隷制〉が残っているわけですね。

山本　いまでもあるらしいですね。

加瀬　イスラム教のなかには、ユダヤ教のような人間の平等性がないのですね。

山本　少なくとも奴隷否定という面では、……ありません。しかし妙な形で、いわば東方的な意味であるといえばあるんですが……。

加瀬　コーランを読んでも、奴隷制度は正当視されています。

イスラエルはもっとも社会主義的

加瀬　いまのアラブ世界を見ていると、日本ではアラブ世界のほうが革新であって、イスラエルのほうが保守反動というおかしなイメージがありますが、エジプトをとってみても、バース党のもとにあるシリア、イラクのような絶対王制の国を除くと、社会主義を称していますが、いずれにしても独裁国家です。だから一方では韓国に対しては、朴政権は独裁であるからけしからんと非難しながら、独裁制であるエジプトとかイラク、シリアは進歩的に見えるというのは、おかしいですね。まあ、毛沢東の中国、金日成の北朝鮮を賞讃した新聞人や、知識人が多いんですから（笑）。

山本　それは日本の新聞のたいへんおもしろい点です。

加瀬　いちばん社会主義的なのは、イスラエルでしょう。

山本　そうです。原則的にいえばイスラエルは社会主義国家でしょう。あそこは社会保障がほぼ完全ですし、言論は完全に自由ですし、労働組合がいちばん力を握っていまして、ちょっと行き過ぎじゃないかと思う点があるんです。イギリス病的徴候が非常にありましてね。このへんに戦後一貫して政権を担当していた労働党の後退があるんじゃないかと思います。

加瀬　いまは重税のうえに累進課税が厳しいもので、どうしても平等化されています。イスラエルに行くと国民が本当に平等だという感じがします。キブツ〔イスラエル独特の集団農業共同体〕は、あのなかでもまた一つの特殊な例でしょうが。

山本　キブツ人口は全人口のわずか三パーセントですが、社会的影響力は強いですね。これこそ正統派みたいな意識でしょう。一方モシャフ〔イスラエル独特の農業協同組合〕が相当定着しています。あれも平等主義ですが、私などには、このほうが合理性を持つように思えますね。ですから、平等という意識が非常に強いんです。

加瀬　キブツに行きますと、ちょっと怖い感じがします。子供から成人まで、全員がまったく同じ物を持たなければならない。子供だったら、十人いたら、それぞれが同じオモチャを与えられる。おそらくマルキシズムを世界のなかでいちばん忠実に実現したのはイスラエルでしょうね。

山本　そうでしょうね。原則の民ですからね、良くも悪くも。

イスラム体制を支える憲法としてのコーラン

加瀬　イスラムはユダヤ教から派生しましたが、ところが、その思想のなかには、ユダヤ教、その後でできたキリスト教が持っている、神から与えられた世界をよりよくしなければならない、という進歩の思想が欠けていますね。マホメットの時代で停まっている。

山本　そうですね。この前もイスラムの人との会合があったのですが、コーランにすべてが定められているから近代化の必要はないという考え方が圧倒的でした。いわば人間の力でなにかを改良していくという発想、言いかえますと、コーランそのものを改訂するとか、超克するとかいう発想は基本的にないわけです。

まず〈コーラン〉があり、次に〈預言者の伝承〉があり、その次に〈シャリーア（宗教法）〉があり、その次に類推にもとづく〈施行法〉みたいなのがあって、同時にそれに対する、各共同体ないし部族の合意との調和を求めるという形になっています。これを略して俗に「シャリーアの四法源」といい、〈コーラン、伝承、類推、合意〉とします。

ですから、体制としてのイスラムにおいては、コーランが一応憲法みたいなものだと解釈していいと思うんです。シャリーアが六法全書で、その下に各地方自治体の条例みたいな形になって、同時にそれに対するある程度の解釈の自由があるのです。

ただ、シャリーアがいったいどうやってできてきたのかは、学者によって異論がありまして、必ずしもコーランに準拠しているとはいえないわけです。名目的には法源をコーランに求めていますから、準拠していないといえば抗議がくるかもしれませんが、実際にはセム族の伝統的な法の収録でしょう。と同時に、伝承は無数にあります。マホメットの死後三百年で六十万の伝承があったといわれています。いわば、さまざまのものがマホメットに帰せられたわけで、これが一度整理されています。したがって〈体系的〉になっていないんです。だから、シャリーアの権威になるには、一生かかってもだめだというくらいです。これはタルムードでもそうですが、〈体系〉とはやはり西欧が生み出したものでしょう。

しかしイスラムの法学者は、これらから人間の行為を五つに類別して、一応は整理しています。すなわち〈義務とされる行為〉、〈称賛される行為〉、〈道徳的に中立な行為〉、〈良くない行為〉、〈禁じられた行為〉の五つで、これはだいたい〈旧約聖書的発想〉です。

しかし、細かいその法的規定となると、条文のような形で、きちんと出てはこないんです。ですから結局なにかあった場合、人はそれを聞きに行く以外に方法はないわけです。いわば、タルムードもそうですが、シャリーアも全部読むわけにいかない。そこでユダヤ教だとラビ、イスラム教ですとイマームといった宗教法の専門家に聞きに行く。こういう点がちょっと似ているんです。

加瀬　百科事典を、はじめから終わりまで全部読んだ人間がいないと同じことでしょうね。

山本　まあ、そういうわけです。ですから、わからないから宗教法の専門家のところへ行ってなにをするかを聞く。この点では、ドルーズ教徒でも、イスラム教徒でも、ユダヤ教徒でも変わらないわけで、このため宗教法の法律家は厳として存在するのです。ラビがそうですし、イマームもそうです。そこへ行って判断を仰ぐという形で一つの基本的体制ができてしまうわけです。

これがおそらく東方社会のいちばん大きな問題点だろうと思います。そしてこれが正典《カノン》という形で固定しますと、自分の判断はそこへ預ける以外に方法はなくなる。だから、この点では日本と違いまして、実に法的社会なわけです。たとえばお金を借りたらどういうふうに返すべきかわからなければ、イマームに聞けばいい。

加瀬　〈イマーム〉は地域社会の指導者であり裁判官であり、カウンセラーであり、教師であるわけです。ユダヤ社会のラビと同じことでしょう。神の代理人であるキリスト教の僧侶とは、違うんですね。

山本　ある場合は医者も兼ねますし、さらにヒッティによれば、シーア派はこれに神の属性を付与しているそうです。

加瀬　それから、〈イマーム〉も〈ラビ〉も、戒律にのっとって牛や羊を殺したりする人にもなりますね。

山本　ええ。かつての日本だと賤業になりますが、旧約聖書だと宗教法にのっとって殺さなければならないわけで、この伝統はいまも残っていて、ラビじゃないとできないんです。イランの場合も、宗教法どおりに殺していないからオーストラリアの羊肉は輸入してはならんということになったのでしょう。

イスラム教徒が増えると税収が減るという矛盾

加瀬　イランでは、ホメイニ体制下で新しいイスラム憲法をつくると言っていますが、少なくともコーランを読むかぎりは、どういう政体が望ましいなんてまったく書いていないわけですね。基本的には、おぼろげな大原則みたいなものがあって、祭政一致を前提にしていますが、今日の複雑な社会に当てはめようとすると、たいへんに無理がありますね。それにクーデターによる政権は、イスラムからいえば邪道になります。全員に相談して合意を得るということが前提の社会ですから。そうなりますと、エジプトのナセルの行なったクーデターも、イスラムに違反することになりますね。
山本　内部における話し合いがあればいいということになるんでしょう。一種の部族みたいな形になると……。
加瀬　日本の憲法解釈みたいなことになってくるんでしょうね（笑）。
山本　この法体系は、体制としてのイスラムの原則ですが、元来のこの原則は、イスラム教徒にしか適用されないのです。彼らが沃地を占領したとき、イスラム教徒には課税をしなかったのです。ジンミ以下に課税をしました。
加瀬　しかし、宗教税みたいなものはあるんでしょう。
山本　それはあるんですが、それ以外にはないのです。この制度を確立したのは第二代カリフのウマルで、コーランに「まことの宗教に従わないものに対しては、彼らが貢納するまで戦いを続行せよ」とあるのを採用したわけで、非イスラム教徒へ地租と人頭税を課するのは一種の宗教的義務なのです。ですから、「コーランか剣か」とは必ずしもいえないわけで、少なくともジンミには第三の選択、すなわち〈降伏〉と〈貢納〉があったわけです。同時に兵役は免除されました。
しかしそのためイスラム教徒が増えると税収入が減るという矛盾がありました。この改宗者が前に申しましたマワリーで、彼らは必ずしもアラブ人と同等の権利を認められたわけではありませんが、彼らが増えると、税収は相対的に低下したわけです。だから、イスラムを伝道しても、強制的に他宗教に干渉しなかったのは当たり前です。体制としての宗教ですから、そんなに支配階級が増えては困るのです。

この矛盾はイスラム体制のできたときからあり、とくにマワリーの不満はひどく、そのためウマル二世のとき、マワリーにもアラブ人と同じ権利を与えたのですが、これが税収の大減収につながり、エジプト総督が「イスラム改宗者が増えたため税収が大幅減となり、私は二万ディナールの借金を抱えています」とウマル二世に直訴しています。またアッバース朝〔七五〇〜一二五八年〕のとき、全員が勝手にイスラムに改宗してしまったということがあって、逆にそれを認めないということがあるわけです。ですから、これをキリスト教と比較するのは無理なのです。比較してどちらがどうこうという議論はあるんですが、イスラムが宗教的に寛容であるみたいな意見は、前提を間違えていますから、意味なき議論です。

また、イスラム法廷でイスラム法の裁判を受ける権利、いわゆるイスラム法の保護を受けるのはイスラム教徒だけであって、ジンミ以下はその保護を受けないということになるのです。もしもジンミとイスラム教徒のあいだで問題が起こったらどうするか。このときはイスラム法廷でやるわけですが、ただジンミのほうの証人には非常に限定がありまして、イスラムに不利な証言をしてはならないという形です。

これはわれわれの体験としていちばん似ているのは、占領軍がいたときで、占領軍の法廷と日本人の法廷と二つありました。日本人が占領軍になにかした場合は占領軍の法廷に引っ張り出されるけれど、彼らに不利な証言はいっさいできない。

占領軍ですから、そういう形で沃地へ入って行ったのは当然で、これがヒッティの言う「不幸」です。沃地における本当の問題を知らないで支配者になってしまう。それが逆に旧体制に支配されたことだということが、彼らはわかりませんから、ビザンチン的体制をそのまま固定して、かつてのローマ人の位置に自分が乗ってしまった。そしてこの矛盾がウマイヤ朝〔六六一～七五〇年〕の没落と、サラセンの非常に早い凋落の原因でしょう。さらにこれは、おそらく体制としてのイスラムの持ついちばん大きな問題点ではないかと思います。結局、これは自己改革がなかなかできないということなんです。

第二章　「宗教」が「国家」に優先する世界

——イスラム社会に民主主義が根付かない理由

はたしてイスラムは「砂漠の宗教」か

加瀬　イスラムは非常に矛盾が多く、一方では慈悲を説きながら、平気で残酷なこともします。たとえばマホメットは六二七年にクライザのユダヤ人の部族を攻め、降伏すると男を全員虐殺したうえで女、子供は売り飛ばしてしまう。彼らは闘争が毎日の生活ですから、われわれの尺度で測るべきじゃないかもしれません。しかし、人命などに対する考え方は恐ろしいところがありますね。

山本　ぜんぜん違います。ただ、これは砂漠の信義の問題として弁護する人もいます。

加瀬　アラブ人にそういうことを言いますと、マホメットはたいへん偉くて、ひとり身内が殺されたら相手を殺さずに、ラクダを百頭もらえばトントンにするとか、そういう新しい概念を持ち込んだと言います。

山本　実際にある話ですが、車で人をひいたら、お前の身内をひとり出せということになるんです。あんまりそういうことがありすぎたから、それにブレーキをかける必要があったのでしょう。教義はしばしば反対の事実を示しますから。

加瀬　教育勅語だってそうですね。夫婦相和しとか、やりにくいことばかり書いてあって、親は子供を可愛がれとは書いていません（笑）。

山本　つまるところ、教義は逆の面が出てくるんです。逆の面とホンネの両方出てきているのが特徴でしょうね。イスラム体制はいままで述べたように非常に早く沃地に進出してしまったんで、その方向によってビザンチン体制と、ササン朝ペルシャの体制とを継承する形になり、それが教派の違いという形で出てくるわけです。

いまのイラクですが、西暦九四五年にすでにイラン系のイスラム王朝に占領されます。ブワイ朝がそれです。またモロッコにイドリス朝が、チュニジアにアグラブ朝が、エジプトにファティマ朝が、ペルシャと北インドにガズニ朝ができるという形で四分五裂していきます。ですから、いったん外へ出ていたんですが、砂漠のエネルギーが空になると、すぐイスラムそれ自体が沃地化して、砂漠は忘れられてくる。こうなると、イスラムは本当に砂漠の宗教なのか、沃地化しているのかわからないという現象が出てくるわけです。

これに対する一つの反発として、いわゆる砂漠イスラムという形でワッハーブ派が出てくるのです。あれは一種のピューリタンなんです。純イスラムに行けということで、ピューリタン運動と似ているんです。だから、いまでもあそこは戒律がいちばん厳しいでしょう。

これはイスラム発生のときから現代に至るまであるわけです。沃地に行った人間はその沃地の文化に逆に征服され、砂漠に対抗する。これは実に、太古からの原則のようなもので、そこでイスラム圏は〈スンニー派〉と〈シーア派〉と〈ワッハーブ派〉という形に分かれていったと言えます。スンニー派は広がった土地の関係で、悪くいうと適当なところがあるわけです。その点ではワッハーブ派がもっとも伝統的なのでしょう。しかしイスラムの諸派はこんな簡単な分類はできず、ムタジラ派、スーフィー派、アシュリー派等々いろいろあるわけです。しかし、あまり細かいことは、ここでは省略して、一応、概観的につかめば、地中海沿岸型、すなわち〈ビザンチン型〉と〈イラン・イラク型〉と〈砂漠型〉になるでしょう。

この文化の違いは大きいわけで、たとえば革命が起こっても、エジプトのナセルなら一九五二年の革命に際しても二十一発の礼砲で前王のファルーク王を送り出すのですが、イラクは絶対にそうならない。殺してしまいます。またイランでも同じことですが、ナセル革命の立派な点は、無意味な流血がなかったことでしょう。その差はおそらく伝統的な文化の違いに根ざしているのでしょう。

われわれはパレスチナ人を誤解するわけです。ハイジャックなどを盛んにやりましたから。でも、元来はむしろ商業的で穏健な人たちです。レバント人ですから。レバントというのは、アラブ人の中でも、また少し別に考えなくてはいけません。したがって、日本の新聞が伝えたパレスチナ人への印象は、たいへん間違っています。これを間違いと見ないと、パレスチナ問題の将来への予測を誤るでしょう。いやすでに誤っていると思います。

以上のような統一的な宗教的体制と、そこに生じるさまざまな地域文化と、シャリーアという基本的な法、これにもとづいて一つの体制ができたのが、体制としてのイスラムの基本です。これは単にその宗教が伝播していったという意味の宗教の伝播と分けたほうがいいと思います。

日本人が少々神経過敏すぎるペルシャ湾沿岸のアラブは、真面目伝統主義に入るでしょう。ただレバントとかイランは、必ずしも厳格ではなく、それが反動的に現われても、永続きしないと見たほうがよいのではないでしょうか。

ギリシャ文化を西欧に伝承した功績

山本　サラセン文化はたいへん豪華絢爛で、またその帝国は、スペインからインドにまでおよびますが、その全部が曲がりなりにも統一されていたのは西暦六六一年から七四七年の短期間です。ですから、ローマのような長期間の統一帝国と考えるより、政治的結合は一時的現象で、新たな一神教文化圏ができたと見たほうがよいのではないかと思います。当時西ヨーロッパはたいへん遅れていたわけですが、文化の中心はビザンチンで、これが保持していたギリシャの諸学問は、先にアラビア語に訳されたわけです。ラテン語化よりアラビア語化が早かったものが多いのです。アラブを経過してヨーロッパに入ったという時代があるわけです。また西暦七五一年に、紙が中国から入ってきたことも大きな影響があります。

加瀬　大航海時代のヨーロッパ人が船をつくって、アフリカを回り、やがて日本までやってきますが、これはやはりアラブの天文学、数学、航海術によるところが大きいわけですね。ギリシャの科学が北アフリカのアラブ人によって継承され、イスラム世界の膨張によってムーア人とともにスペインに入るわけですね。

山本　アラブ人は元来、海というものに関係なかったんですが、これもビザンチン、主としてレバノンから手に入れました。アルキメデスをアルヒメディットという形でヨーロッパに持ってきたのも彼らです。

ただ、多くのビザンチン文化を継承したけれど、本当にそれを継承したのはだれであったか。アラブ人であったのか、イスラム化したビザンチン人であったか。これが問題なわけです。サラセン帝国に住んでいたから全部アラブ人だとはいえないんです。もちろんユダヤ人もいましたし、ギリシャ人もいたし、ローマ人もいました。

なにしろレバノンというところは、ローマ時代からキリスト教時代にかけて東方文化の中心ですから。ヨーロッパの法律の基礎であるユスティニアヌス法典の要綱『学説彙集《ディゲスタ》』は、レバノンの学者パピアヌスとウルビアヌスの引用集みたいなものです。これはあらゆる面でいえることです。もちろんビザンチンにおける学問の中心は、レバノンだけでなく、パレスチナのカイサリヤも、シリアのアンティオキアも、エジプトのアレクサンドリアも、大きな比重を占めていました。そこを占領したわけで、これらの地はイスラムにとっては、たいへんな先進国だったわけです。その先進国の人間をみんなイスラム圏のなかに入れてしまったのです。

ですから、この人たちは外面はイスラムであっても、果たして本当にイスラム教を信じているかどうかはわかりません。というのは、ずいぶん後のトルコ時代になってからも、レバノンの大豪族、シェハーブ家とマーン家の二つは、体制においてはイスラム教徒であって、信仰においてはキリスト教徒で、肌に十字架をつけて平気でモスクに行ったそうです。社会的地位はイスラム、信仰はキリスト者という人間がいたわけです。

加瀬　八幡菩薩みたいですね（笑）。

山本　こういう人たちは体制としてはイスラムに従わざるをえないけれど、自己の信条としては、逆にレバノンの伝統的文化に非常に誇りを持っていました。マロン派〔レバノン、シリアの東方典礼カトリック教会〕みたいに改宗しない人もいる。そういう人もこういう形になる。こういう人たちはスペインにもいて、イスラム様式を取り入れたキリスト教徒として生活していたわけです。こういうのは、いわゆるイスラム文化のある面の担い手として大きな力を持っていたわけです。ですから、サラセン文化はそのままアラビア半島の文化といっていいかどうか、たいへん問題があり、これをマワリー文化という人もあります。マワリーとは、前にも出ましたが「改宗者」を意味する言葉ですね。したがって、純然たるイスラムの神学思想が、ヨーロッパに大きな影響を与えた跡はないと思われるからです。

加瀬　アラビア半島の文化ではないんですね。

山本　あれは総合文化ですから。この当時たいへん豪華絢爛でしたが、そのままアラブ人の功績として認めるかとなると、少々疑問を感じます。ただ翻訳は実に盛んでカリフ・マームーンがバグダードに建てた「知恵の館」は、まあ、一言でいえば翻訳所です。おもな訳書はアリストテレス、プラトンの一部、ユークリッド、プトレマイオス、アルキメデス、ヒポクラテス、ディオクレデス、ガレノスなどです。

彼はギリシャ語文献を入手するため、コンスタンチノープルに使者を派遣しています。たとえばカイロのマイモニデス〔十三世紀のラビ、律法学者〕がトマス・アクイナスに大きな影響を与えたといっても、彼はユダヤ教徒で、アリストテレスを援用してユダヤ教学を再編成したわけですから、これがイスラム圏でも、そのままイスラム文化といえるかどうかです。

ただたしかに、ビザンチン帝国とササン朝ペルシャの愚かな二百年戦争に終止符を打ち、中東内をおおむね平和といえる状態にしたことは文化興隆のもとだったでしょう。しかし結局は文化を担った人たちがイスタンブールへ移り、ついでトルコに追われてイタリアに流れる。それがルネッサンスの基になるわけです。

これは結局は宗教的統制と戦乱のためですが、悪くいいますと、この間の事情はちょうどヒトラーが知識人を追い出したのによく似ているんです。追い出されたユダヤ知識人がアメリカに行って、逆にそこで大きな力を発揮したというのと似ています。いまもイランで致命的ともいえる頭脳の大流出が起こっているのですが、イスラムがなぜこういう知識階級を追い出すのか、そこに一つの問題があると思います。

加瀬　いまわれわれのいうヨーロッパ諸国は後発ですね。これがイスラム世界と混じるようになって、ヨーロッパは力を持つようになる。八世紀にはアラブ軍がジブラルタル海峡を渡って、ほとんどスペイン全土を征服します。そしてスペインはイタリアと並んで、西ヨーロッパに近東のイスラム文化や、中国、インドの技術を伝える窓の一つとなった。そしてこれらの知識を仲介するのにあたって、ユダヤ人の学者が大きな役割を果たしました。

山本　同時に西欧の中世やルネッサンスに大きな影響を与えるアラブ圏のユダヤ人には、前述のマイモニデスのほか、ユダ・イブン・テイボンなどがいますが、有名なマビィケンナことイブン・シーナも、詩人・天文学者ウマル・ハイヤムも、詩人ハーフィズもイラン人で、いずれもアラブ人ではありません。したがってこれらを〈マワリー文化〉という人もいます。つまり〈アラブ文化〉とはいえないわけで、その西欧への影響を、アラブ人によるものと考えていいかどうか、少々問題でしょう。

評価すべき点はあります。いわば前述の平和保持と、こういった伝統、文化をある時期まで保持し、ヨーロッパに手渡したという点でしょう。

サウド家の私有財産としてのサウジアラビア

山本　もう一つ、アラブ社会の問題は、支配者が無限に富を支配したがるという点で、これはアッバース朝〔八世紀から十三世紀まで、中央アジア、西アジア、北アフリカを支配したイスラム王朝〕に強く現われるわけです。カリフ・ハルン・アル・ラシッドは、ものすごい豪奢なことをやった。彼は『アラビアン・ナイト』の主人公ですね。『アラビアン・ナイト』は、アラブに関する間違ったイメージを与えたひどい本なわけですが、ある点ではその特徴をよく出しています。「国土は支配者の私有財産なり」みたいな意識があって、しかも、物を生産していくという農民的意識が稀薄なので、簡単に言いますと、どんどん搾取して収奪して使ってしまう傾向があるわけです。ハルン・アル・ラシッドが水洗便所までつくったとか、機械製の鳥をシャルルマーニュに贈ったとか、そのほかいろいろな〝アラビアン・ナイト〟的伝説があるわけですが、そこに見えるのは浪費へと進む自制なき豪奢です。

そのため、あとでその国が破産状態になるわけですが、アラブの国では、これがよく繰り返されています。これも、砂漠から都市へ直行した悲劇的伝統でしょうが、いまもあまり変わらないわけで、農業的な生産意欲の意識はきわめて稀薄だといえます。砂漠から都市へ直行したという点では、サウジアラビアも、結局は同じです。サウド家のものすごい贅沢《ぜいたく》はすでに何回も報道されていますが、結局は国土も資源も私有的に持っているという意識でしょうね。これも伝統でしょう。

加瀬　先にも述べましたが、サウジアラビアという国名自体が「サウド家のアラビア」ですからね。同様にヨルダンの正式の国名は、ヨルダン・ハシミテ王国ですが、これも「ハシム家のヨルダン」です。

山本　これは、日本人の公私の峻別と勤勉貯蓄と倹約という伝統と、非常に違います。サウド家だけがよく話題になりますが、アラブの伝統からいうと、こういう生き方はちっとも不思議じゃないですね。アッバース朝のカリフなんか、もっともっと、すごいことをやっていたわけです。

加瀬　あとになるとオダリスクの世界になるわけですね。

山本　ええ。ああいうものがヨーロッパに夢を与えたわけで、この点は贅沢の対象が違ってもいまも同じでしょう。そのかわり、必ずあとで破産を招いており、その歴史を読むと、まさに砂漠の蜃気楼《しんきろう》のように感じます。

加瀬　そのへん、方向は違いますが、どこか日本に共通する点もある感じもしますが。

言ってみれば、刹那《せつな》的でしょう。

山本　なるほど。極と極で逆に似た面も出てきますかな。

加瀬　日本の赤軍派のテルアビブ空港事件に似たようなことを、ＰＬＯのコマンドがイスラエルに入ってやりますね。

山本　やりますね。

加瀬　あれは英語でいうとスイサイド・スクォードというんですけれども、日本でいうと特攻隊、自殺隊ですね。宵越しの金を持たないみたいなところが、やはり砂漠から出てきているんでしょうね。

山本　それもあると思いますが、もう一つの理由は、あまりに厳格な血縁集団なので、血縁が崩壊すると人格も崩壊するという面もあると思います。所属する血縁集団が崩壊すると、所属するところがなくなる面があるわけです。

加瀬　マホメットの場合も、はじめのうちはハシム一族が守ってくれているわけですが、妻のハディージャとおじのアブ・タリブが六一九年ごろに死んで、もう一人のおじのアブ・ラハブが一族の頭となると、マホメットを一族の一員だとは、もはやみなさないということになる。そこでマホメットはメッカからメジナへ逃れなくてはならなくなるわけです。そして六二二年にメジナへ「聖遷」――つまり逃げた。これがヘジラと呼ばれ、イスラム暦の元年になっていますが、ヘジラというのは血縁を切るという意味だそうですね。

山本　血縁から排除されると方法がなくなる社会でしょうね。いまでもそれは強いでしょう。日本のように無原則の擬制の血縁集団なら、どこでも入れますけれども、厳格なセム族の血縁社会においては、その血縁から排除されるか、その血縁集団がなにかの理由で崩壊して属するところがなくなると、生きていく方法がなくなるんでしょう。これはパレスチナ問題の一面だと思います。よく、なぜ移住した地域に同化できないのかといわれますが、昔から、これは少々無理なことになるわけです。いまでも土地の売買は原則としてできないのですが、一族のあいだならば、ある限定内でできるわけです。同族でないとそれもできない。これがその地域に移っても、パレスチナ人コミュニティをつくらざるをえない理由で、これを見ると「アラブは一つ」とは思えませんね。

加瀬　だから、アラブ人は近代的なコミュニティ意識を持ってないでしょう。日本人も、持ってませんけれどもね。

山本　少なくとも、意識的に人工的に一つのコミュニティを創設することは、血縁集団にはできないわけです。日本は自然発生的に、なにかわけのわからない派閥みたいなコミュニティはできるわけです。

加瀬　日本では、昔の村では過剰なコミュニティ意識があったんですが、それが産業構造の変化で、都会にみんなワーと出てきたが、それで近代的なコミュニティはつくることができなかった。

衰退への運命の岐路は一五一七年

山本　いわゆる聖典があって、宗教法があって、宗教法の施行細則があって、それが各共同体の解釈である程度の余裕をみているという基本的な社会構造というのは、中世のヨーロッパでも実際変わらなかったわけですね。ですから、社会構造の基本といえば、中東も西欧も変わりがないわけで、両者に大きな違いが出てくるのは、前にも言いましたように、〈宗教改革〉以降でしょう。

ではサラセンとはどういうものであったかは、異論があるにしろ、大サラセン帝国という形でみれば、少なくともある時代にはヨーロッパと同水準、またはそれを超えるという形で発展してきたとは言えるわけです。ですから、シャルマーニュのほうがハルン・アル・ラシッドに劣等感をもっていたというのも不思議ではないと思うんです。もちろん簡単に、先進、後進といえるかどうかはたいへんむずかしいですが、自分のほうが上だという意識を、当時のサラセンの人びとは持っていたと思うんです。もっとも、ビザンチンも西方に対してそういう意識を持っていました。ですから西方は、自分のところがトップだという意識はなかったでしょうね。

加瀬　実際、十字軍は東方へ行って、たいへん学んでくるわけですからね。秀吉の朝鮮出兵に似ていますね。

山本　学んでくるわけです。非常に学ぶわけです。もっともレバントの城郭建築などを見ますと、私などには少なくともこの点では、十字軍のほうがはるかに立派な技術をもっていたように思うんですが……。

加瀬　十字軍というのは、学習ツアーのようなものですね。

山本　そうなんですよ。十字軍の連中は行く先々で劣等感を感じ、かつ学ぶことの連続になってくるわけです。そういう時代もあったんですけれども、どこで逆転したかということがいちばん大きな問題です。これは先に話しましたが、だいたい「一五一七年」と象徴的にアラブの史家は言うわけです。つまり、奇しくもこの年に西欧では宗教改革が興り、片やイスラム世界がオスマン・トルコの支配下に入ったわけです。

ここからヨーロッパは開明の光明を迎えた。近代化への第一歩を踏み出して啓蒙主義から自由主義へと進み、さらにはアメリカの独立、フランス革命、近代社会の確立へと進んでこられた。ところがイスラムのほうは、この四百年間、すなわち第一次世界大戦までのあいだ、トルコの圧政の下に呻吟《しんぎん》し退歩し、かつ西欧に遅れてしまったということを、彼らは必ず口にするわけです。

トルコは諸悪の根源という言い方はバルカンに行っても言われますし、中東に行っても言われるんです。トルコはいい迷惑で、彼ら側にも言い分はあるでしょうが。

サウジアラビアに二つの軍隊がある理由

山本　ではトルコはなんであったかというと、アラブはなんであったかと同様に、一つの問題になりうるわけです。つまり、トルコ人は完全な異文化をもって中東に進出してきたわけではなくて、イスラムが中央アジアに出て行って、トルコ系諸民族をイスラム化した結果、逆に彼らが、かつてのマホメットがアラブで起こしたと同じような現象を、中央アジアの砂漠で起こしてしまった。これはなんとも皮肉なわけです。

トルコ系諸民族はまず奴隷として、ついでカリフの親衛隊の傭兵としてイスラム世界に入ってくるわけで、これがしだいに勢力を得て、ハルン・アル・ラシッドの孫のころには、実際の権力を握ってしまい、ついでスルタンにまでなります。コーカサスで買われた奴隷のトルコ人アイバクが、西暦一二五〇年に主人の未亡人と結婚してスルタンになったのが、そのはじめでしょう。これが〈奴隷王朝〉ですが、このアイバクの統治体制は、一五一七年のオスマン・トルコの出現までつづきます。また十字軍を迎え討ったときのイスラムの指導者は、セルジューク・トルコ族でした。ガリラヤのヒッティンの丘で十字軍を決定的に破ったスルタン・サラディンはアラブ人ではなくて、セルジューク・トルコ人です。エルサレムの回復者というのは、つまり彼らであるわけですね。

奴隷王朝のころ、このトルコ系諸民族の後を追うような形でモンゴル人が来襲してバグダードを占領し、シリアに進出し、レバノンのシドンも破壊されるわけです。これに対抗したのがマムルーク朝のバイバルス〔在位一二六〇～七七年〕で、マムルーク朝自体は一二五〇年からあるわけですが、彼をこの王朝の真の創設者とする人もいます。彼もコーカサス生まれで、ダマスカスの市場で、銀八百枚で売られた奴隷だったわけです。

この〈奴隷王朝〉という性格は、ある意味においては、そのままオスマン・トルコの性

中東勢力図の変遷（その2）

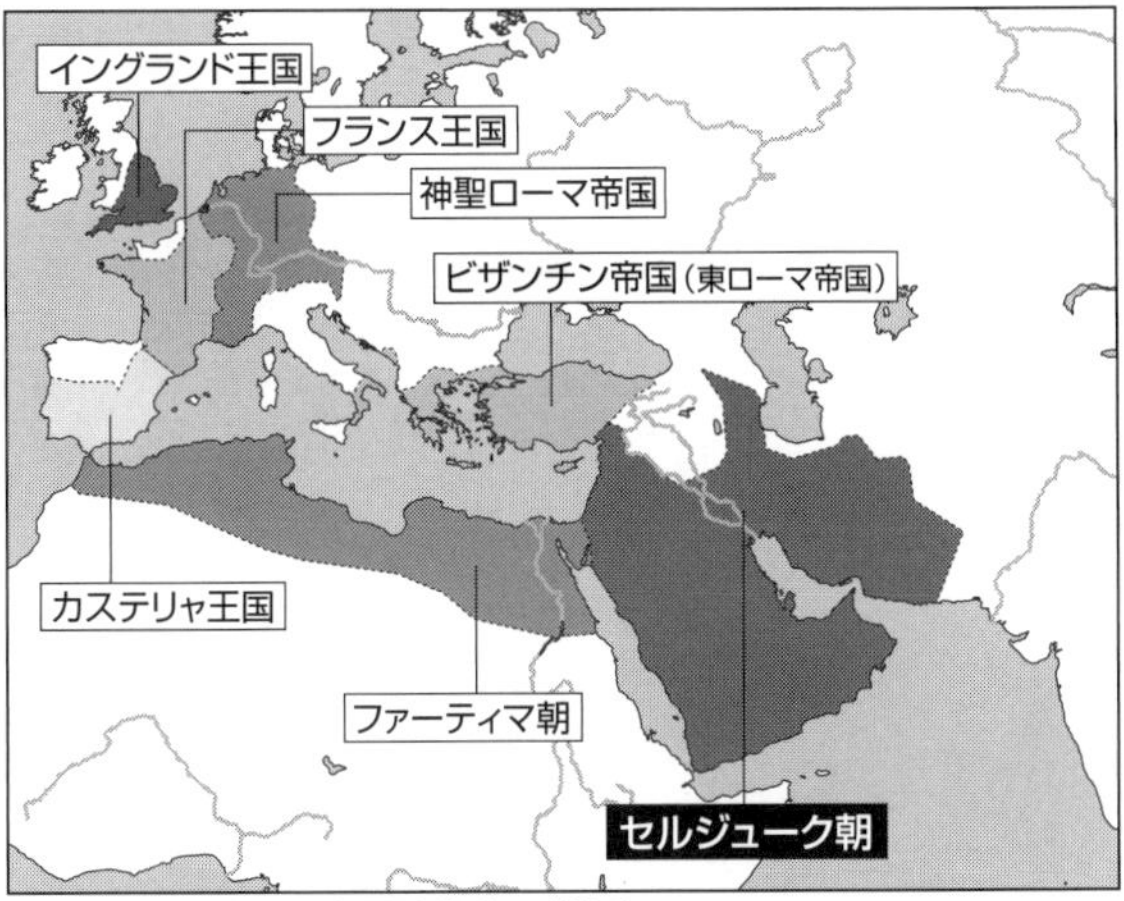

セルジューク朝、十字軍時代（11世紀）

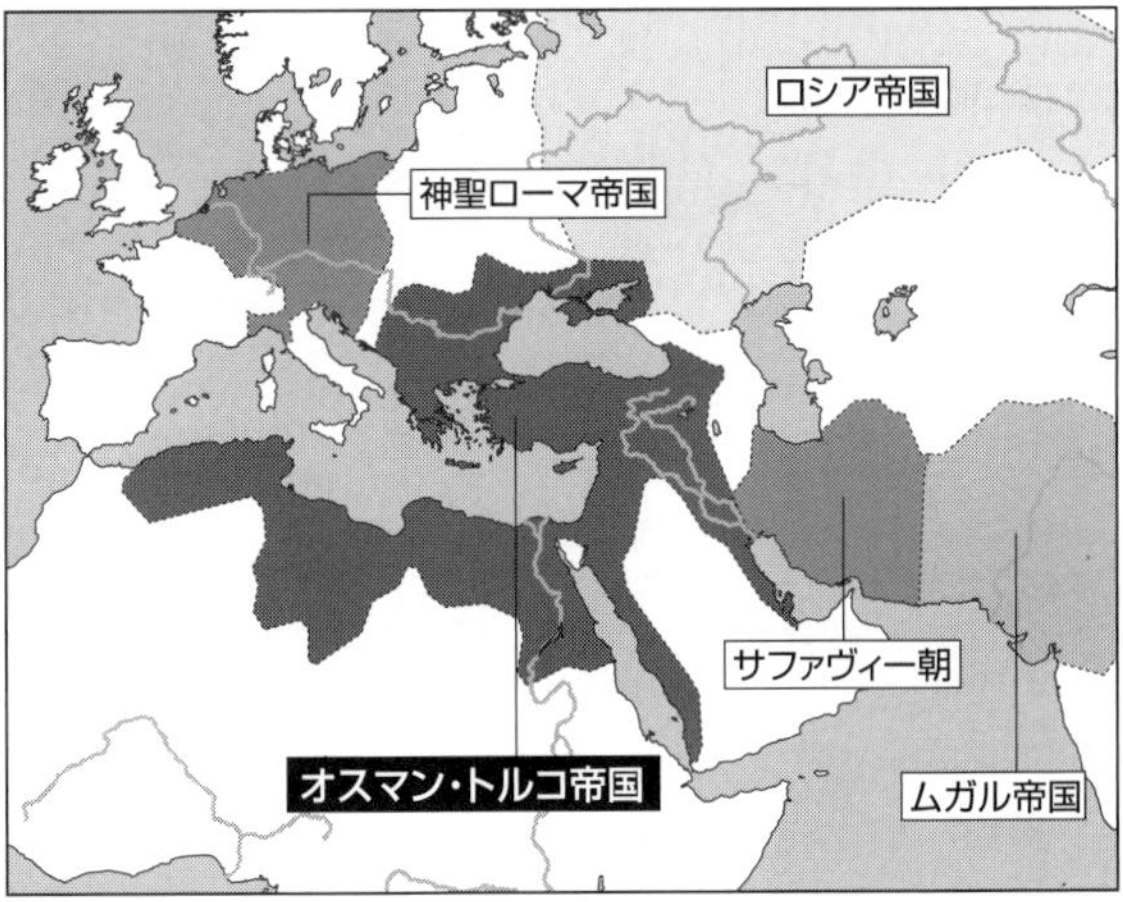

オスマン・トルコ帝国時代（16世紀）

格でもあるわけですが、すでに中東はサラセン時代とは性格の違った国になっているわけで、オスマン・トルコだけが諸悪の根源とはいえないでしょう。トルコはむしろこの混乱に終止符を打って四百年の平和をつくり出したわけですから。

問題はこの奴隷王朝制です。血縁集団の社会というものは、組織をつくって部下を信頼することが、結論的に言いますとできないわけです。たとえば、日本ですと会社で人を雇えばその人間は、組織に対する忠誠という意識があり、それはある程度信用できるものです。ところがイスラム世界のように一族への忠誠が先に立つと、その人間は、その一族から会社に派遣されたスパイにもなりうるわけです。そうなると、たとえばスルタンが親衛隊を雇っても、この親衛隊は果たして自分に対する忠誠と、その親衛隊の出身母体である一族に対する忠誠と、どちらを優先するのかわからないわけです。その一族の利益のためには自分を殺すかもしれないという不安が、つねにつきまとう。それほど強固な血縁社会だということですね。

加瀬　いまでもサウジアラビアでは二つの軍隊がありますけど、一つは例のホワイト・アーミーという、これは王家に親しい一族から採用されたエリート部隊ですね。彼らが国内の治安と、油田の警備を担当しています。それから正規軍があるんですが、正規軍はホワイト・アーミーより装備が劣るんです。これは国境警備を担当しているわけです。そのほかに小さな王族親衛隊というのがあってわれわれがよく写真で見る、ガウンを着て、半月刀を持って立っているのが親衛隊です。

なぜ、中東で奴隷王朝が定着したのか

山本　それは昔の伝統が生きているわけで、同じことは共和制の国でもあります。だれかが政権を取ると、その血縁で体制を固めるんです。中東のある国では、大統領以下政府首脳が全員、同じ一つの村の出身です。不思議なことに、そうしてはじめて、やや永続的な政権ができるわけです。こういう社会ですから、一族以上の大組織にしようとすれば、奴隷を買ってくることになる。〈奴隷王朝〉ができたのも、結局は、いちばん忠誠なのは、買ってきた奴隷だということでつくった奴隷親衛隊が、王にまでなったわけで、そこから〈奴隷王朝〉という言葉ができたわけです。

奴隷しか信頼できないという形、これにはさまざまな問題がありますが、奴隷はその主人に生殺与奪の権を握られているだけでなく、主人が殺されると、いままでの横暴への復讐として、全員殺される恐れがあります。以上、二つの点から否応なく徹底的な過剰忠誠

になるわけです。

しかしこれがだんだん勢力を得てきますと、奴隷親衛隊が自分に有利なスルタンを擁立するという形になります。これが北〔トルコ〕からの進出にはじまる奴隷王朝の発生で、これを見てきますと、アラブが中東に進出していったときによく似ています。傭兵として他国の軍隊に入って戦術を学ぶということはマホメット以前から、あったわけで、アラブはそれを逆用して進出したわけですが、今度は逆で、アラブが北のトルコ族を奴隷の兵隊として入れて教育したところが、いつしか政権を取られてしまった。ですから、トルコ系諸民族の侵略は、モンゴルの場合のような一過性のものではなく、徐々に入ってきてついにセルジューク・トルコの奴隷王朝ができ、それを追うような形で最後に進出してきたのが、オスマン・トルコなわけですね。

オスマン・トルコがイスラム教徒になりまして、文字もいわゆるアラビアのアルファベットを採用しましたが、言葉が違いますからローマ字に変えても問題はないんです。これが第一次大戦後のケマル・アタチュルクの文字革命で、当時、日本も同じように改革せよという意見もあったのですが、日本は前提が違います。彼らはイスラム教徒ですが、最初に入ってきて最初に定着したのはイスラム圏ではなくて、ビザンチンだったわけです。ついで徐々にビザンチン帝国を蚕食《さんしょく》していった。

この蚕食がなぜ可能だったかということが一つ問題点になるわけですけれども、これはなぜ西ローマ帝国が亡びても東ローマ帝国が残りえたかという問題にもなるんです。東ローマは西ローマと違って、兵役を代償に農地に対する個人の相続権を認めたんです。ですから、「お前が国家に忠誠な兵士であるかぎりお前の財産は私有財産として保証してやる」という東方体制をつくりあげ、これが東ローマ帝国の軍隊がたいへんに国家に忠誠であった理由です。いわば一生懸命忠勤を励んでいれば、農地の相続は保証してくれる。自分が死んでも自分の子孫は食うに困らないという形の下に、サラセンの侵入は防ぎえたわけです。

ここへ入ってきたトルコは、その体制に逆に乗るわけです。その前に東ローマ帝国すなわちビザンチン帝国が弱体化すると、農地相続の保証を各地の豪族が行なって、しだいに封建制度みたいに分裂していくわけです。そうなると「どちらに忠誠であってもいい、おれの所領さえ安堵してくれれば」という形になる。同時に所領が安堵されると、その下の部下の農地相続権は全部安堵されるわけで、どちらに忠誠でもよくなったんです。これでトルコはだんだん蚕食していくんです。

しかし一方、トルコのスルタンの部下はその寄せ集めとなりますから、これも裏切ってどちらにつくかわからないので信頼できないんです。それであの〈イエニチェリ〉〈オスマン・トルコ帝国において、異教徒によって編成されたスルタンの親衛隊〉が活躍するわけです。これがトルコ帝国の大きな特徴であって、故意だろうと思うんですが、キリスト教徒の捕虜や、購入したり貢税として取ったりした子供を、逆にイスラム教徒に改宗させまして……。

加瀬　ブロンドの男子とか、デウシルメと呼ばれますが、大勢強制徴用したわけですね。

山本　ええ、いっぱいいるんです。これを徹底的に教育して自分の親衛隊にする。つまるところキリスト教徒がイスラム教徒に改宗されてしまうと、家族と完全に断絶するわけです。これにはもう自分の一族とか自分の宗教とかいう忠誠の対象は絶対にないわけで、唯一の忠誠の対象はスルタンになるんです。

これはあの世界においては実にうまい体制でして、いろいろな雑多な民族を教育したうえで、この男は勇気があって軍人に向くと思ったなら、〈イエニチェリ〉にして、この男はむしろ文官向きだと思ったら、いわゆる〈エフェンデイ〉にした。「剣の人」と「ペンの人」で、武官と文官というのをつくって、これがトルコ体制の中核になっているわけです。

　アラブ史家のヒッティは、彼らは「ビザンチンから実際の国政のやり方と政治の機構を学んだ」と記していますが、ビザンチン的体制のうえに、こういう独特な一つの体制をつくった。ですから、われわれから考えるとおかしいのですが、いわゆる「グランド・バイザー（大宰相）」も奴隷なんです。奴隷が総理大臣になりましてね。ですから、たいへん金持ちの奴隷もいるわけなんです。

加瀬　中国でも宦官《かんがん》が総理大臣になるわけですね。

山本　なるわけです。ですから、これこそ本当の奴隷王朝体制の完成であって、どんなに階級が昇っても、スルタンの奴隷であるという身分は最後まで変わらないですね。ですからスルタンにすれば自由自在にこの官僚を使えた。いざとなったら首を切っちまっても、売り飛ばしちゃってもいいので、本当の独裁権力というのが成り立つわけです。この官僚組織、軍隊組織を中核として中東全部から北アフリカ、さらにバルカンからハンガリア、クリミアまで押さえ、ウィーンにまで攻め寄せたのがオスマン・トルコ帝国でした。ですから、諸悪の根源だといえば根源かもしれませんけど、これが中東にいちばんマッチした体制であったとはいえるんです。スルタンもたいへんで、一人がスルタンになると、ほかの王子は全部首を切られるのが原則です。ただし、メフメット一世のときに、それがあんまりひどいというので……。

加瀬　いわゆる「兄弟殺しの慣習法」ですが、十七世紀はじめから軟禁するようになったんですね。

山本　はい、カファズ、すなわち鳥かごといわれる場所に、女奴隷を一人連れて軟禁をするという制度に変わるんです。二十世紀になっても同じで、一九〇九年に急死したスルタンの跡をつぐため「鳥かご」から不意に出されたメフメット五世レシトは、失語症になっていて、口がきけなかったそうです。

加瀬　スターリンが死ぬと、フルシチョフや、マレンコフたちが、ナンバー・ツーであった秘密警察の長官のベリヤを処刑しましたね。それでフルシチョフ時代になってからは互いに殺すのはやめましたが、やっぱり軟禁にするわけです。フルシチョフも軟禁されたまま、死にましたね。いまも同じようなものです。

山本　ソ連もやっとメフメット一世の時代に到達したのかもしれないですね。ベリヤが処刑されたとき、インドの新聞かなにかに、そんなコメントが出たそうです。

加瀬　ああそうですか。

山本　ベリヤが粛正されなかったら、ソビエトもトルコのこの時代の状態にまではなったろうに、というわけです。ですから、そういうところも考えてみると、ソビエトも案外と、トルコ体制的なものを継承しているのかもしれません。

もともと民族国家もなければ、国家意識もない

山本　さて、オスマン・トルコは、こういう体制で中東全部を押さえた。以上がその基本なわけで、この最盛期がスルタン・スレイマン壮麗王〔在位一五二〇〜六六年〕のときです。その父のスルタン・セリムがマムルーク諸王朝の連合軍を撃破して全中東を押さえ、ついでカイロで戦って北アフリカを押さえたという形でトルコ帝国ができたんですが、これが非常に簡単にできたということは、それ以前にマムルーク王朝の混乱と住民の離反があったからです。ですから、これが以後のトルコ的安定の基礎になったのだろうと思います。いわば一般民衆は非国家化したんです。国家意識をいっさいもたない。これは不思議ではないです。異民族の奴隷王朝の支配、それが絶えず変わっています。そのなかで生きていくには、この支配階級の交代に影響されない体制を内部でつくっていく結果に

なり、オスマン・トルコはそれを固定して、その上に乗っていたというのが中東の特徴だろうと思うんです。

加瀬　もともと中東には国家意識というのはなかったわけですから。

山本　少なくとも民族国家はなく、その意味の国家意識はなかったわけでしょう。しかしそれとは別の意識があって、それが支配者の交代に対して、自分がなんの影響も受けないという、内部体制をつくったわけです。この前、イスラエルのナブルスに行きましたときに、アラブ人の七十近い運転手が、「おれは半世紀も運転手をやっているけれど、最初イギリスが来たぞ、と思ったらヨルダン人が来た、それが去ったらユダヤ人がやって来た」と、だれが来たって関係ないというような言い方をするんです。「私は一生それに影響を受けていない」、これはある意味で中東の持っているたいへんな強みなんです。どこからなにが来ようと自分は影響を受けないという、この意識が頑としてあるところは、近代化も受けつけにくいということですね。

加瀬　日本だって天皇を頂点にして自然的に発生した氏族国家、あるいは家族国家ですから、あまり国家意識があるとは威張れないですけれどもね。

山本　そうはいっても、日本はまがりなりにもどこか西洋化、近代化したところがある。そのかわりタテマエとホンネみたいに、どこかにきちんと伝統を持っているみたいなところがあるわけです。

彼らの場合は、それが宗教と結びつくわけです。イスラム社会はそれと結びつくわけで、ですから、イスラム社会の近代化というのはどういう形で歩むんだろうというと、たいへんな問題を抱《かか》えていると感ずるわけです。

パレスチナの国境線は、いかにして決められたか

加瀬 いまの中東は、アフリカもそうですけれども、一応、西洋型の国家の形態をとっている。しかし、その国境は、歴史的、地理的必然性より、ヨーロッパによって植民地化されたときにどのようにして分割されたかということのほうが大きいんですね。

山本 大きいです。その線以外に中東の国境は考えられないわけです。ですから、北部のサウジの遊牧民は平気でイラクとの国境線を出入りするわけです。遊牧民族には、国境線なんて関係ないんです。シナイの遊牧民は、平気でネゲブを通ってイスラエルのベェルシェバの「ベドウィン市《いち》」まで来ますし、エジプトに入っていくんです。ということは、シナイのどこに国境線を引くかなんていうことをイスラエルとエジプトとのあいだで言っているわけですが、あそこにいるベドウィンには、はじめからそんなもの関係ないみたいですね。

加瀬　中東や、アフリカの地図を見ますと、アメリカの地図に似ているところがあるんですね。アメリカは州の境が直線ですね。

山本　直線になっていますね。

加瀬　中東も直線が非常に多いわけです。直線が多いということは自然にできた国境線ではなくて、人工的につくったもので、一八八四年から八五年にかけてのベルリン会議で列強が集まって、現地の事情も顧慮することなく、勝手に線を引いたものですね。それで現実にそわない分割が行なわれた。

山本　第一次大戦後のベルサイユ体制のときも、そうなんです。いまのパレスチナの国境がどのようにしてできたかというと、あれこれ議論した末にイギリスの、ロイド・ジョージがいきなり、「全部、違う。聖書にはダンからベェルシェバまでと書いてあるから、ここに線を引け」と言って、赤い鉛筆でグーッと線を引いたらそれが国境になってしまったという逸話があるんです。これはまったく現地の事情というのを無視しているわけで、そのため今度は現実に住んでいる人間は、国境線を無視するのは当たり前みたいなところもあるんです。

加瀬　国の概念もない。だいたい国境の概念というのもヨーロッパのものですからね。

オスマン・トルコにおける「ミレット制」の不思議

山本　そうなんです。国境の概念にかわってトルコ時代にできた概念は二つあるんです。一つはトルコがつくった州《ワラーヤ》と県《サンジャク》ですね。一国を州に分けたというのは近代的に見えるんですけれども、これはマムルーク時代のものをほぼ踏襲して、トルコ人の知事《ワーリ》が支配したわけです。そして軍事的支配と徴税は州単位に行なわれ、徴税は請負制で、最高入札者が税金取り立てを請け負ったわけです。これが実に第一次大戦までつづきます。

ただし法律関係はこのように統一的でなく、ちょっとわれわれには考えにくい状態なわけです。つまり、行政区と申しましても、そこに住んでいる人間がどの宗派に属するかによって、司法権のあり場所が違うのです。前にイスラム教徒はイスラム法廷に行く、ジンミはジンミの法廷に行くと申しましたが、オスマン・トルコは結局それを固定し、制度としても確立したわけです。大トルコ帝国のなかにはイスラム教徒、ギリシャ正教をはじめ多くのキリスト教諸派と、それからユダヤ教徒もいたわけで、彼らは行政上の自治権は認められないんですが――こういう言葉があるのかどうかはわかりませんが――〈司法的自治権〉は認められていて、すべての宗教、宗派が、その所属する人間の裁判権を持つという制度が、制度として確立したわけです。

しかしこれはトルコがつくったわけではなく、以前の状態を継承したわけです。これがヨーロッパが法の下の平等という方向に進み出したときに、逆に宗教、宗派にもとづく宗教法体制というものを固定させたわけで、ヨーロッパを進歩とみるなら、たしかに逆行しているわけです。

加瀬　外国、たとえばフランスに住んでいるイスラム教徒やユダヤ教徒がお互いに、だました、だまされたなどと商売上の取引で問題が起きた場合、フランスの法廷に行きませんね。

山本　行きません。ユダヤ教徒はまずラビに相談し、さらに問題があればラビ法廷に行くわけです。この最高裁がいまではエルサレムにあり、俗にヘイカル・ショロモといいます。ヘイカルとは神殿の至聖所《デビル》と玄関《エラム》のあいだの部屋で、まあ、ソロモンの法廷といったところでしょう。ですから最終的にはここまで行くわけです。これはわれわれから見れば少々おかしいんです。というのは、その人たちの国籍はイスラエル国じゃないですからね。先日、この最高ラビ法廷長官のラビ・ゴレンに聞きましたら、エレツ・イスラエル（イスラエルの地）とディアスポラ（離散の地）では、その法の適用は完全に同じではないと言ってましたが……。しかし、それがどこの国であれ、民法に関するかぎりラビ法廷なんです。たとえばコーヘン、またはカーンという姓の人間は、離婚した女と結婚できない。なぜかというとコーヘンもカーンも祭司という意味で、この姓のものはその子孫ですから、いまもできないといいます。この話を聞いたとき「ほんまかいな、いまの時代に」と思ったもんです。カーンなんて姓は、アメリカにもあるし、コーヘンもある。

加瀬　ええ、ありますね。

山本　友達にコーヘンという男がいるので、彼に、いまの話をして「ほんとうなのか」と聞いたんです。そうしますと、やはり離婚した女性とは結婚できないんだそうです。ところがおもしろいんで「私の家内は、実は離婚したことがある」と言うんですね。「どうやって結婚したんだ」と言ったら「しょうがないからイギリスで結婚したんだ。ヘイカル・ショロモじゃ認めてくれないから」と言うんです。ですから、ユダヤ人は英米に住んでいても宗教法が生きていて、それの脱法行為をしようと思うときだけ英米法に従うんでしょう。だから、国境を越えて法律が生きるという、たいへんおもしろいことがありうるんです。

このありうる原則を近代において確立したのがトルコ体制でしょう。トルコ帝国の場合、宗教法はもちろん、行政区の境を越えて全トルコ的であり、たとえばユダヤ教徒に問題が起こればユダヤ教の宗教法廷に行かなければいけないわけです。これはイスラム教徒もキリスト教徒も同じで、日本のように宗教宗派と無関係にその地区の裁判所に行くんじゃないわけです。これが〈ミレット制〉で、私は勝手に宗団司法自治制と訳しているんです。ただその宗派に司法自治権を認めるか否かはスルタンの権限で、それを許可する場合は勅許状を出していたわけです。勅許状をもらった宗教団体がミレットで、これはトルコ体制の特徴です。

この伝統はもちろんいまのイスラエルにもあり、たとえばユダヤ教のカライ派は、あまり少数なのでこの権利は認められず、ほかと同じようにラビ法廷でします。この不満が同派内にあるようです。

ではいったい、トルコ時代には各宗教宗派の最終的法廷はどこにあり、法的な最高の決定権はだれが持っていたかということになります。当時はこれがイスタンブールにあり、ここに三大宗教の最高裁がありまして、その上にスルタンがいたわけなんです。イスラムのほうはシャイフ・アル・イスラムで、キリスト教はイスタンブールの総主教で、ユダヤ教は最高ラビで、それがイスラエル独立後はヘイカル・ショロモにいるわけです。いわば各々が同一国家内で別の法体系の下に生きて、それぞれの最高裁を持っているのですから、これは法的に見ますと一国内に三つの国家があるようなものです。

ヒッティはこれを「国家内に国家を認める形」といっていますが、ミレットはいわばこの単位であり、それを認める勅許状の内容はさまざまで、ある場合には特別な一章を加えています。これが〈カピトゥラ〉で、英語でチャプターですが、とくに一章をつけ加えるわけです。この一章には、いろいろな意味があるわけですが、外交権を付与した場合もあるわけです。これは日本も徳川時代には韓国との外交は対馬《つしま》の宗《そう》氏がもっぱら行なっていたように、彼らもそういう方針をとっていた。ところが外交権を与えて外交交渉の代行をさせると、自治権と外交権を持ちますから、独立国と同じようになります。あとになってヨーロッパ諸国がこれに乗じて、トルコ政府に強要してミレットをつくらせ、いろんな一章をつけ加えさすんです。これから一章化という意味でカピチュレーションという言葉ができて、これは治外法権と訳されているわけです。

治外法権という言い方をすれば、各ミレットは〈治内法権〉で、これをスルタンがまとめていたわけで、それが外交権を持って治外法権になった。トルコ体制はけっして近代国家のようにまとまっているのではなくて、非常に茫洋とした体制であったわけです。この宗団自治制が、日本では大正時代に相当する時代まで、頑として残っていたわけです。

ですから、最初に言いましたように、近代国家の原則に反するといわれても、中東には中東の近代的原則が、四百年かかって出来上がった。その間、ヨーロッパは四百年かかってヨーロッパ式の近代国家の原則をつくってきたわけで、これはそもそも方向が違うわけで、比較すること自体無理があるのです。日本は近代のヨーロッパしか知らず、その真似をし、それを唯一無二の原則だと思い込んでいますから、その基準で見ると、なにもかも、わからなくなってくると思います。ですから、この点を無視した中東への評論や解説や新聞論説などは、全部いわばトンチンカンで、ときには吹き出すようなことを、もったいぶって書いているのもあります。

トルコ解体後のイスラム世界

加瀬　その第一次大戦でオスマン・トルコが解体しますね。『アラビアのロレンス』を読みますと、アラビア半島からトルコの勢力がどのように駆逐されたかたいへんおもしろく描かれていますけれども。そうしますと、今度はパン・アラビズム、アラブ主義が現われるわけですね。アラブを一つの国家にしようという動きがはじめて出てくるのは、第一次大戦前のことですが、このころはエジプト、モロッコ、アルジェリア、チュニジアを除いて、オスマン・トルコの下にあった肥沃な三日月地帯だけを対象としていました。大戦中にメッカのシャリフだったフセインが、三日月地帯とアラビア半島全部を要求しましたが、結局はいくつかの半独立国に分かれてしまうわけです。シリアの二人の学校教師によって、バース党がパリで生まれるのは、四〇年代です。

山本　民族国家という形で成立しえないということが、逆にパン・アラビズムを出してきているんで、そのパン・トルコニズムかパン・アラビズムかです。いわばトルコの汎トルコ＝イスラム的行き方が汎アラブ・イスラム主義的行き方に変わっただけでこれはやはり西欧的な近代化ではないんです。

加瀬　パン・アラビズムを見てますと、トルコの支配下にずっとあったので、それに対するアラブへの回帰というものがあるわけです。

日本でいえば王政復古が明治に行なわれて、西洋化と同時に、いままでなかったような日本化の時代を迎えます。江戸時代は天皇が中国の龍の縫い取りのある服を着て即位式をやったわけなのに、平安時代の服装を採用するようになる。皇室祭祀令でも、新しい祭祀がつくられるというように、無理な日本化がはじまるわけですが、アラブの場合でもそういうところがありますね。

山本　あります。ところが、民族主義的意識が出てきて、反西欧・イスラム主義で保守化しますと、否定したトルコ・イスラム的なものが逆に出てくるんです。この場合、大義名分は「マホメットに返れ」ということになりますが、七世紀に返ることは現実に不可能ですから、実際にはトルコ・イスラム的になっていくんです。それが当然でしょう。トルコの体制にはとくに独創性はなく、在来の体制のままなんですから。これがおそらく中東のもっているいちばん大きな問題点だと思います。

旗印は民族主義パン・アラビズム、「マホメットに返れ」と言っていながら、どこに返るかとなると、やっぱりすぐ直前に返る。人間は七世紀にはもどれませんからね。トルコを諸悪の根源だと言いながら、トルコ・イスラム体制にもどっていくわけです。だから宗教法体制にもどれというのは、トルコ体制にもどるということですね。ですから、トルコ時代みたいに中東が全部、茫洋と一つならばいいのですけれども、そうなりえないでしょう。これが大きな問題点です。

とくにユダヤの問題ですけれども、これは、オスマン・トルコ時代は〈ジンミ〉という形でイスラムの下の第二階級だったわけです。そのため独立と同時にほぼユダヤ人全員がイスラム圏からパレスチナに引き揚げてしまった。いまでもイスラエルの人口の約六割が中東系で、こんな引き揚げはほかに類例がなく、いわば中東の全ユダヤ人はイスラエルに集結してしまったわけです。

これはやはりいろいろな問題があるわけなんです。第二階級という形で扱われてきたので、社会的な地位は決まっており、そのため迫害はあまりなかったのですが、細かい差別があって、たとえば馬に乗ってはならないとか、公職に就けないとか、さらには黒衣を強要された場合もあります。木製の悪魔像を家の扉につけられ、ナチス時代のように衣服にはそれを示す布切れを縫いつけることを強要され、墓石を地表と同じ高さにしなくてはいけない、などといったことや、さらに細かないろいろなことがありました。これらの差別に対する長いあいだの反発が、総員引き揚げという大移動になったんだろうと思うんです。

しかも、もっと大きい問題は、ユダヤ人の引き揚げだけでなく、ミレットの地域化が否応なく起こるということでしょう。

アラブ世界で、実はユダヤ人より嫌われているパレスチナ人

加瀬　ヨーロッパでナポレオンのころからゲットーに閉じ込められていたユダヤ人が解放されるようになってきて、一八八〇年代になるとパレスチナへもどろうというシオニズムが現われます。このころまではパレスチナへ行くユダヤ人は宗教的動機からでしたが、シオニズムが生まれると、ユダヤ人の祖国をつくろうとする移民に変わってゆきます。

第一次世界大戦中の一九一七年に、イギリスの外相であったバルフォアが有名なバルフォア書簡のなかで、パレスチナをユダヤの「ナショナル・ホーム」として約束する。そしてイスラエルが一九四八年にできるわけですけれど、イスラエルができたおかげでアラブが団結し、パン・アラビズムがさらに強まるという……。

山本　だから、イスラエルがなかったら、まったく違いましたでしょうね。

加瀬　イスラエルの建国は、アラブの民衆の眼を外へ向けるのにも役立った。そのくせ、サウジやヨルダンの王家は、同じアラブ人であるパレスチナ人はきらいでしょうね。パレスチナ人は世俗的です。ＰＬＯに対しては、きっと洋服の着方から話し方からすべて、イスラエル人よりも、嫌っていると思う。

山本　そういうことは日本では言われませんけれど——日本では困った傾向があって、

たとえば、実態をよく知っている中東関係者でも、マスコミ的正義みたいなものに少々ひっかかることは、陰では言っても絶対に表では言いませんからね。

サウジに働きに行って、金をかせいでイスラエル占領下のナブルスに帰っているアラブ人はいくらでもいるんです。パレスチナ人はレバント系で農民ですから、サウジやペルシャ湾岸とはやはり合わないらしいんです。現地でも嫌われるでしょう。それを知っているから不安があると思うんです。華僑と同じ位置にあると言う人もいるんです。

しかしペルシャ湾岸の小国では、パレスチナ人が逆にその国を押さえて、どこの国かわからない国もあります。一口話ですが、ある国では次官からバスの運転手までパレスチナ人で、その国の人は大臣と下層民しかいない。もっとも大臣も実務はパレスチナ人に握られていて、その国が中国を承認したとき、その国の首長が、新聞を見てはじめて「ははあ、おれの国は中国を承認したのか」と言ったという笑い話があるくらいです。

それだけにパレスチナ人も不安を持っており、事実、政局が一変すればアラブ世界でどういうふうになるかわからない。皮肉なことに、かつてユダヤ人が占めていた位置は、たいていパレスチナ人が占めているんです。人によっては入れ換え現象だといいます。ですから、この不安があるかぎり、彼らにとって、ＰＬＯというのは絶対必要な存在です。パレスチナ回復のために必要というよりも、現実の自分たちの地位を保証してくれるものはあれしかないんです。アラブの世界の内部はけっしてパン・アラビズムの理屈どおりでなく、いわば宗団自治と血縁絶対の世界ですから、必要がなくなれば排除されることは、華僑、ユダヤ人同様にありうるわけですから……。

サウジアラビアの本当の人口は何人か

加瀬　サウジアラビアの人口が、国連の統計では九百万とか一千万とか言われていますけど、実はだれも数えたことがないんですよね。

山本　これね、三百五十万と言う人もいるんですが、これもどこまで本当かわからない。

加瀬　国連の人口問題の専門家と、偶然パーティで会って話をしたときに出たのですが、サウジの人口を数年前に調べたとき、まず調査員が家をたずねるわけですね。そうするとイスラムの掟《おきて》で女のいるところは入れない。

山本　絶対入れません。

加瀬　絶対入れない。そこで、戸口で聞くわけです。するとサウジは貧富の差が激しいところで、だいたい政府からなにか援助でももらえると思って、みんな水増しして申請すると言うんです。それで、結果は千五百万から千六百万ぐらい……いままではだいたい飛行機で空中写真を撮って調べているんですが。

山本 空中写真で井戸のまわりに集まっている家畜の数から、逆にそれによって生活できる人間の数を割り出して……。

加瀬 逆算していく。それに、サウジには百万人ぐらいの外国人労働者が働いています。外国人労働者といっても、外国籍のイスラム教徒なんです。パレスチナ人、北イエメン人、エジプト人、それからパキスタン人、フィリピン人などが大量に入っているわけです。クウェートの場合になると、もう外国人の国みたいなものです。人口は百十万人そこらですが、半分以上が石油収入に釣られてきた外国人です。あの国は一人当たりの国民所得が世界でいちばん高いのですね。一人当たり一万六、七千ドルでしょう。というのは、先ほど中東における近代化は非常にむずかしいだろうというご指摘がありましたが、日本の場合も明治はじめにお雇い外国人を雇いましたけれども、アドバイザーですね。しかし、中東の産油国では、トラックの運転手から、モッコをかつぐ者までお雇い外国人でやっている。これは中東の特色ですね。

山本　そうですね。やっぱり労働蔑視があるんですね。そういうことをやるのは一階級下なんです。同時にサウジにいる日本人の話を聞きますと、ミレット制ができるのも無理はないと言います。たとえば日本人が五十万人行ったとしますね。イスラム法どおりにやれと言ったって、これはできないと思います。そうしますと結局、サウド家が「お前たちのミレット制を認めてやるから、お前たちの内部で起こった問題はお前たちで全部処理しろ」という勅許でも出さないとまとまりがつかなくなるでしょうね。

加瀬　そうでしょうね。サウジアラビアに行くと韓国人労働者が六万人ぐらい入っているんです。台湾からもかなり来ている。そうすると、韓国人の問題なんかは会議に持ち込むわけにいきませんしね。

山本　いきませんでしょう。だから、永住するとすれば、この韓国人ミレットというのをつくって「お前たちはイスラムより一階級落ちる一種のジンミという形で、お前たちの自治は認めるから、お前たちの持っている宗教法で全部の問題を処理しろ」と言うより方法がありません。だからミレット制ができたというのは絶対トルコが無理やりにつくったんではないんです。いまだってできる可能性はあるんですよ。

加瀬　韓国人ミレットとはおもしろいですね、これは。

山本　というのはイスラエルがすでにそうでしょう。ドルーズ教徒ならドルーズ教の裁判所をつくらなければならない。ユダヤ教ならユダヤ教の裁判所をつくってというふうに。ですから内部に入れば司法権はいわば三つの治内法権になっている。

この法律なんですが、日本と違って法律がいろいろありまして、宗教法はもちろん、議会《クネセット》で定めた法、委任統治時代のイギリスがつくった法律があります。それからトルコ時代の法律がそのまま残っている。さらに、それにヒシュタドルート規則、ヒシュタドルートというのは労働組合ですけど、昔の陰の政府で、これらの五つの規則と法律が全部施行されているわけです。ですから問題が起こったときには、どの裁判所に行くかがまず問題になるわけで、ラビ法廷に行くのか、刑法裁判所に行くのかということになるわけです。

ですから、もしもあの社会を近代化しようと思うのならば、イスラエルみたいにやる以外に方法がないんです。民法までは宗教法でいい、それ以外は国会で定めた法でやるというように分断する以外に、方法がなくなってきますね。

加瀬　ただ国教が、たとえばイスラエルの場合はユダヤ教であり、それからほかのアラブ諸国の場合はイスラム教ですから、国境をはずさないとちょっとむずかしいですね。

山本　そうなんです。ですからあそこはトルコ時代の茫洋と広がったところに、あのようにして国境をつくったということに、そもそも無理があるわけです。できたのは第一次世界大戦のときですからね。つい最近のことで、だから、このミレット制というのがたいへんに固定してますけれども、これは中東の伝統的な体制をそのまま制度化したにすぎないと私は思っているんです。

宗教法があって、国法が機能しない社会とは

加瀬　国家といっても支配階級が自分たちの便宜上、国家体裁をつくって国旗を揚げて外国から人が来れば国歌を演奏しているという感じですね。

山本　ええ、そういう感じです。これが将来どうなるかというのは問題です。

加瀬　ですから、たとえば一九五八年にエジプトとシリアが合併してアラブ連合共和国がつくられても、六一年に壊れる。次には七一年にエジプト、リビア、シリアの三カ国によるアラブ共和国連邦ができるがまた解体してしまう。今度はシリアとイラクが合併していっしょになるとか、南北イエメンがいっしょになるとか、そう言ってはすぐだめになるでしょう。日本人から言うと日本と中国がいっしょになるとか、日本と韓国がいっしょに

なるのは考えられないことですね。

山本　これは、アラブ・ニュース東京特派員のカーンも言っていたことですけれども、スーパー・ナショナリズムというわけで、これを超国家主義と訳すと誤解しますが……。

加瀬　国家を超えたなんらかの主義ですか。これは一種の国家を超えた主義と言ったほうがいいんじゃないですか。

山本　そうですね。これはつまるところ、イスラム社会は、たとえ国家民族というのがあっても、全員が国境を越えてメッカへ行くというような伝統があるわけですから、国家、国境というのがたとえあっても、それを越えたなにか共通の意識があるということがいえるわけですね。国境の外に聖所があり、そこへ国境を越えて行き、ここでは宗籍は問題とされても国籍は問題とされない。

こんなことは、日本にはない一つの特徴です。日本の国境を越えたところに数カ国共通の聖所があって、みんな巡礼に行ったという記録は、日本の歴史にはないですからね。だから日本は民族国家というものをごく自然発生的につくりうる民族だけれども、彼らがほんとうにつくろうと思ったら、意識してネーション・ビルディングをやらないかぎり、これはできないと思っていいです。

各人がイスラム教徒とかドルーズ教徒とかいう意識を捨てて、自分はシリア国民であるとか、レバノン国民であるとかいう意識を本当に持たせることができるかどうか、これが問題なんです。それのいちばん基本というのは、つまり宗教法体制というものを認めるか認めないかということになるわけです。イランのパーレビ国王はおそらくそれを目指したんだろうと思いますが、最初にそれを目指したのは、レバノンなわけです。レバノンというのはイスラム時代にもたいへん特色があって、レバノン山脈とアンチ・レバノン山脈の向こうはイスラムではないという言葉があったぐらいです。いわば中東で唯一の山岳地帯で、農業、商業、海運業、中継貿易、国際金融の国ですから、ほかのイスラム国とは、たいへんに違ったわけです。

加瀬 レバノン杉ですが、木を旗に使っている国なんてあそこだけですからね。

山本 そうです。レバノンの国旗は杉の旗ですからね。ですから、レバノンは中世からいちばん密接に関係があったのはイタリアの諸都市で、問題があると、みんなそこへ亡命したわけです。ベネチア、フィレンツェ、フランスともっとも関係が深かったわけです。トルコ政府とのあいだに絶えず問題があって、つかず離れずの形で、ミレットという形の半独立状態の歴史はいちばん古いわけです。

いわば地中海国家で、アラブといえるかどうか問題ですが、ここに近代化が入ってきたときに起きた現象は、参考にすべきものです。トルコも第一次世界大戦後にケマル・アタチュルクが必死に近代化をやったわけですから、この二つがどういう道をたどったかは、ある意味において将来、中東の近代化がどういう道をたどるかの目標になるだろうと思われます。

全世界が西欧化という影響をなんらかの形で受けているわけですが、受けたものと伝統的文化がいろんな相互作用を起こしますから、それによって惹起する状態は全部違って当然でしょう。日本は日本のような状態を起こし、韓国も韓国のような状態を起こして、これらはある程度うまくいったのかもしれないです。

ところが、中東はもっと早くから西欧と接触し、戦争もしたし通商もしたし、いちばん親しくて社会構造が似ている。日本なんかとぜんぜん違うわけで、中東の社会構造の基本をさぐれば、西欧と変わらないことは社会学者は指摘しますが、それでなぜうまくいかないかという問題ですね、これがおそらくイスラム体制が持っているいちばん大きな問題ではないか。

つまり西欧との対比において、ある面が反発的に強く出てくる要素が、同じ社会構造そ

レバノン国内の、おもな四つの宗派

キリスト教マロン派
（東方キリスト教の一派、レバノンでの多数派）

イスラム教系ドルーズ教徒
（11Cごろ、シーア派から派生、団結力が強く謎の多い宗派）

イスラム教スンニ派

イスラム教シーア派

のもののなかにあるのではないかと思うんです。ですから、中東問題、イスラムとは何であるかは、われわれはイスラム教徒になる必要はないにしても、外部からそれを理解する場合、接触していちばん問題を起こしたところを、じっくりと分析すべきではないかと思うんです。

そうなりますと、その先駆はレバノンです。これはつまりミレット制が確立してマロン派とスンニー派とシーア派と、それからドルーズ教徒の四自治宗団があったわけです。それぞれが裁判権を持つ。

独立したときにレバノンの法律家たちが、以後裁判は国法によって行なわれたいという請願を出したわけです。これが日本人には、何を言っているのかわからないのです。いわば、宗教法はあっても国法はない状態を解消せよということです。この誓願は毎年出しているんだそうです。このごろは出しているかどうかは知りませんが、ただ毎年出していたということは、いかにそれを言ってもだめだったかということです。これがつまり宗教法と国法が、中東で将来どうなるのかという問題の先駆なわけです。

加瀬　私たちは宗教というと日本式の、たとえば仏教で信心深いというか、あるいは神道だとか、それでなければ、聖と俗なるものをはっきりと分けたキリスト教といったものしか理解できないわけです。だから、人の生活のすべて隅々まで律しているユダヤ教やイスラムの宗教のあり方というのは日本人にとっては非常にわかりにくいものですね。

第三章　イスラムの近代化は可能か

——前途を暗示するレバノン、イランの失敗

イスラム教の聖典は宗教というより憲法

山本　前章まで述べてきたようなイスラム社会の宗教法体制というのは、どんなに説明しても、日本では理解されないのです。ですから中東の企業グループなどで話をするときに、中東では宗教とは法律と思え、信心だと思っていると、とんだことになる。これは国家を超越し、国家よりも強いんだと強調するんですが、なかなか理解されません。われわれのような民族意識はないが、それよりも強く、まるで体質化したような宗教意識がある。このことは中東の専門家は、いろんなところで言っているんです。

加瀬　キリスト教もそうですけれども、日本の仏教もきわめて内省的な宗教ですね。しかし、イスラムの場合は、そういった内的な問題より外の形の問題でしょう。

山本　そうです。律法《トーラー》のもつ問題です。旧約聖書のうち、創世記からの最初の五書をトーラーといって、これは伝承と法律との混合です。あの時代はあれが法として機能したわけですが、ユダヤ教の場合、後々これを法規と伝承に分けるわけです。そのため注解が二つあって一方が〈ハラハー〉で通常法規と訳し、もう一方が〈ハガダー〉でこれが伝承です。

いまではハラハーの基準が六百十三カ条の基本法です。ですからこれを日本的に考えますとお経を読んで、そのなかから法を抽出して、それを注解して法律にする形になるわけです。イスラムでも基本形は同じで、法源がコーランと預言者の伝承で、聖典とは法律なんです。憲法だと思えばいいんです。ですから、宗教法が、本当に各人を拘束し、それによって人間が動いているのですが、これが日本ではわかりにくい。

加瀬　キリスト教だとか、ユダヤ教の神という概念を日本にもってきて、日本の神と同じように考えると、靖国《やすくに》神社の東条《とうじよう》さん以下の合祀問題の例のように、誤解が生じます。神道では、小川でも小石でも、あらゆるものを通して神が姿を顕《あら》わす。死者も命《みこと》といって神になる。こちらのほうから祭るから神になる。はじめから存在しているゴッドでも、アラーでもない。イスラムの宗教を、そのままわれわれの宗教の延長線の上で考えると、誤解が生じますね。

山本　生じます。こちらが祭るから神様になるんじゃないんで、神とは契約の対象で、契約とは基本的には神との契約しかない。人と人とのあいだに契約がないのが原則だということを繰り返して認識しておきませんと、この社会は理解できません。神との契約の内容が各人同じだから、お前とおれとのあいだに約束が成り立つんで、人と人との約束がまずあるということはないんです。ですから日本のように、お前とおれとのあいだじゃないか、だから話し合いですむという社会とは違うわけです。

私は中東の人に向かって「われわれにとって理解できないものが、一神教における神との契約という概念だ」が、同時に「あなた方に絶対わかんないものがある」と冗談に言うんです。それは転びキリシタンが書いた南蛮誓詞ですね。あれはデウスに誓って転ぶんですよ。神に誓って神を信じませんというわけです。これは彼らの社会に何度説明してもわからないんです。

ところが日本だと仏教徒は仏様に誓い、神道は神に誓っていいんですから。証人を呼ぶようなものです。「転ぶ」とはつまり奉行との話し合いがあって転ぶわけですから、転ぶ前は自分の神はデウスなんだから、デウスに誓って「キリシタンはやめます」と言っていいわけで、日本だとおかしくないんですが、彼らにこれを言ったって……第一信じません。そういうものがあるということを。だからこれぐらい相互にわからないのです。

アラーに誓ってアラーを信じませんということが、イスラム教徒に言えるかどうか。彼らにはそんなことはありえない。お互いにありえない社会にいるんだということを知っておかないと。

その点、諸悪の根源は日本の新聞で、このような基本をぜんぜん無視しているでしょう。誤解に誤解を積み重ねるだけになるんです。ですから、宗教法体制と西欧がぶつかって、問題を起こしている理由もわからない。この、宗教法と国法との問題を解決しようと試みたのがレバノンです。私も、あそこは特殊だから、レバノンだけはうまくいくだろうと思っていたんですが、やはりだめでしたね。

加瀬　レバノンというのは、なんとなく中東の香港みたいなところですね。

山本　ええ、ですからレバノンはうまく西欧化しそうに思えました。大統領がマロン派で、首相がスンニー派で、下院議長はシーア派というような形で、一応まとめていたわけで、宗団合衆国みたいな形でまとまるんではないかと私は思っていましたし、もしその体制ができ、国家と宗教法とがうまくまとまれば、いわゆる近代国家と中東体制の中間的なものができるんではないかという気があったんです。

加瀬　それぞれの宗派の勢力がだいたい同じようなものだから、逆にうまくいかないんでしょうね。おおざっぱに分けて、キリスト教徒とイスラム教徒が半分ずつ、キリスト教の中ではマロン派が全人口の三〇パーセントぐらいを占め、ギリシャ正教、ギリシャ・カトリック、アルメニア正教、アルメニア・カトリック、シリア正教、シリア・カトリック、カルデア、プロテスタントというように、キリスト教のデパートのように各派が混ざっています。イスラム教のほうはスンニー派がシーア派より多く、両者で全人口の四五パーセントぐらいといわれます。それにドルーズが六、七パーセントだといいますが。

山本 やっぱり最後になるとうまくいかないですね。

加瀬 イスラエルの場合でも、とにかくユダヤ教の国家で、ユダヤ人のほうが圧倒的に多いから。

山本 圧倒的に多いからなんとかなっているけれども。

加瀬 両方の勢力が同じぐらいで、お互いが民兵みたいなものを持つと、どうしようもないですね。

進歩の概念がないコーラン

加瀬 ユダヤ教では、旧約聖書の最初の五書をトーラーといいますね。イスラムの場合はトーラーに当たる聖書はコーランになるわけです。トーラーとコーランがキリスト教とちょっと違うところは、キリスト教徒は聖書を読んでも、非常に古い昔に書かれたものだと思って読むわけです。ところがユダヤ教徒とイスラム教徒は、ちょうどその朝、玄関先に置かれた新聞のように読むわけです。そして、片方のユダヤ教徒のほうは「産めよ、増やせよ、地に満ちよ、よりよい世界をつくれ」ということで、歴史は直線的「最後の審判」につながるわけです。この最後の審判は、キリスト教もイスラム教も同じです。天使たちがいっせいにラッパを吹くなかを、アラーが出てくる。そして、マホメットが仲介者になって、いい奴と悪者とをよりわける。ところが、ユダヤ教徒のほうは進歩の概念があるけれども、イスラム教徒のほうには、これがまったくない。

山本　これはですね、基本的には似ていることも、ある面を取り上げるといちばん似ていないことになるんですね。旧約聖書を歴史的文書と理解し、旧約聖書自体を過去のもの、その生成もまた一つの歴史と考えたのは、だいたいキリスト教徒か、ヨセフス〔紀元三五?〜一〇〇年。古代イスラエルの著述家。エルサレム陥落からユダヤ王国滅亡までの顚末を記した『ユダヤ戦記』で知られる〕のような独創的ユダヤ人です。キリスト教徒は旧約聖書を〈律法〉、〈歴史書〉、〈預言〉、〈諸書〉と分け、歴史書であると見るわけです。同時にこの歴史を契約更改史のような形で見ますから、旧い契約と新しい契約、すなわち旧新約聖書という見方が出てくるわけです。いわば旧約はパウロが言うように、過去の契約なんです。

ところがユダヤ教徒の旧約聖書の分け方はこれと違い、〈トーラー〉と〈ネービーム〉

と〈ケツビーム〉とこの三つに分けます。つまり〈律法〉、〈預言〉と〈諸書〉の三つで、〈歴史書〉という分類がなく、それを歴史とはみないわけです。もちろん彼らには歴史的意識はあるんですが、旧約聖書自体を歴史的文書とみることを拒否するわけです。したがって、旧約・新約という言葉はなく、旧約聖書とはキリスト教徒だけの言葉です。こうなると正典は歴史的時間を超越したものになりますから、ある意味ではたしかに新聞なんですよ。

キリスト教徒の場合ですと、旧約は新約への歴史的経過とみて、トーラーを歴史書の前史みたいにみます。そうすると、旧約から歴史的過程を経て、新約聖書になったという発想ですから、いま旧約聖書に記されているとおりにやれ、ということではなくなるわけですね。ところが、これが律法として固定したものと考えれば、時間を超えて、いまもそのとおりにせよということなんです。これは大きな違いだと思います。はっきりいうと、キリスト教徒はその意味でいちばん融通性があるんです。

加瀬　キリスト教はヨーロッパで多神教の影響を受けてますからね。

山本　ヘレニズムの影響もミトラス教の影響も受けましたね。

加瀬　ですから、ユダヤ人であったイエス・キリストが考えたものとは、ずいぶん違い

〈略年表〉―― 中東の歴史（その2）

西暦	おもな出来事
1877	露土戦争（クリミア戦争）でトルコが敗れ、 キプロス、チュニジアを失う
1882	エジプトがイギリスの保護国となる
1896	シオニズムの運動が起こる
1918	第一次世界大戦の結果、トルコは中東に拡がっていた 広大な領土を失う シリアとイラクが英仏によって分割され、委任統治領となる
1922	トルコ革命起こり、スルタン制廃止。翌年、トルコ共和国成立 エジプトが、イギリスから独立
1925	イランにパフレヴィー朝成立
1932	サウジアラビア王国成立、イラク王国独立
1933	パレスチナにユダヤ人の大量移住、 アラブ人のユダヤ人排撃運動起こる
1935	パフレヴィー朝が、国号をイランと改称
1944	レバノン独立 シリア共和国独立
1946	ヨルダン王国成立
1947	国連がパレスチナ分割案を採択
1948	イスラエル成立し、第一次中東戦争勃発
1952	エジプト革命、ファルーク一世追放
1954	エジプトで第二次革命起こり、ナセルが実権掌握
1962	北イエメンでクーデター勃発し内戦へ。エジプトが派兵して泥沼化
1963	シリアでバース党が政権を掌握
1964	パレスチナ解放機構（PLO）設立
1967	第三次中東戦争 南イエメンが独立
1968	イラクでバース党が政権掌握
1970	ヨルダンのフセイン国王がＰＬＯ撲滅をめざし「黒い九月事件」 起こる
1972	イスラエルのテルアビブ空港で小銃乱射事件
1973	第四次中東戦争。イスラエルとエジプト・シリアが交戦
1975	サウジアラビアのファイサル国王暗殺

（つづく）

ますね。福音書は、キリスト教がヨーロッパに渡ってから書かれたものです。新約聖書がキリスト教をつくったのではなく、初期キリスト教が新約聖書をつくったわけですね。

山本　ですから新約思想とキリスト教思想とは違ってくるんです。パウロでずいぶん変わったと言っても、変わったのはやはり旧約から新約への伝統の線にいる人でなく、アリストテレス、プラトンから、新約・旧約と進んでいった人びとです。それが最初のキリスト教思想家と言ったら、少々問題でしょうが、たとえば初代教会のユスティノスになると、まずアリストテレスをやって、それからプラトンをやり、ついで新約聖書をやり旧約聖書にいくという、伝統を逆にさかのぼる形です。この意識は、はっきり違うわけですよ。片方は伝統の延長線上にいるし、片方は別の基盤から出てきて、逆にさかのぼる。いわば基盤が違うけど、これがキリスト教徒でしょう。ユスティノスの形がね。

ここに、基本的な違いができているんです。イスラムのサラセン文化はずいぶんギリシャの影響を受けたはずですが、これはこの形になっていません。ですから、コーランは七世紀のものとは言えないんです。イスラム教徒にとっては、今朝届いた新聞と同様なものです。

宗教国家が近代化をはかる矛盾

加瀬　コーランを読んでいますとラマダンがありますね。断食です。月の満ち欠けによって決めるんですけれど、コーランは、こう書いています。「断食の夜、汝らが妻と交わることを許してやろう。彼女らは汝らの着物、汝らはまた彼女らの着物」。うまく言ったものですね。「アラーは、汝らが無理しているのをご承知になって、思いかえして許したもうたのだ。だから、さあ、こんどは遠慮なく彼女らと交わるがいい。そして、アラーがお定めくださったままに情欲を満たすがよい。食うもよし、飲むもよし。やがて黎明の光、さしはじめて白糸と黒糸の区別がはっきりつくときまで。しかし、そのときが来たら、また次の夜になるまでしっかりと断食を守るのだぞ」とあります。

エジプトのカイロに行ったときに、偶然、ラマダンにあたりましたが、まことにそのとおりでした。日中は唾《つば》を呑みこんでもいけないくらいのことを言うんですね。水も飲んではいけない。病気とか旅している人とかは別なんですけれど。ですからみな日中は力が出なくて、げんなりしているんです。したがって、まるで仕事にならない。ラマダンのあいだは交通事故が増えるといいます。それでも、暗くなりますとね、日没からカイロの街の路上とか、ビルの屋上とかに、家族が全員集まって大宴会をはじめます。鳩ですとか、兎《うさぎ》の丸焼を用意して。そういうときにはコーランが生きているんだなと思いましたね。

山本　このあいだイスタンブールに行きましたら領事館で注意されまして、いまラマダンですから、運転手が貧血を起こして交通事故が多いですから用心してください、と言われました。そんなことを言われても、用心のしようがないと私は笑ったんですが、事故が頻発しようとも、ちゃんとラマダンはやります。ですから、コーランは七世紀のものではなく、いまのものなんです。

ところが、いまのものであって、それが近代化を迎えているところに問題が出てくるわけです。たとえばレバノンの場合、いまのレバノンを大レバノンといいますが、大レバノンという言い方があるということは、小レバノンという言い方もあるということです。これは国民の三〇パーセントを占める比較的多数派のマロン派だけで固まって、ほかは全部、切り捨ててかまわない、大レバノンをつくる必要はないという考え方です。

つまり、キリスト教徒はラマダンと無関係ですから、そんなものと一緒になることはない、その宗団自治体が、そのまま独立国家になればいいという意識ですね。困ったことに、宗団といっても、それは地域的なものじゃないですから、そうなると各教派ごとに地域で集まるよりしかたがないわけです。シーア派はこちらで、スンニー派はここ、ドルーズ教徒はこちらでという以外に方法はなくなるわけです。この移動現象はある程度、起こっています。たとえば、マロン派は、南部に自由レバノンをつくるなどということをやっているわけです。過去においてマロン派は、もっと散らばっていても、それでかまわなかったんですが、一国家をつくるというと、固まらざるをえない。ドルーズ教徒でも、下手したらガリラヤの聖所の周辺に固まることになるかもしれない。

加瀬　インドは独立後、これはガンジーとネールの大失敗だったといわれますが、パキスタンとインドに分かれてしまった。ヒンズーとイスラムの国に分かれたわけですが、そのときに、八千万人から一億人が宗教の違いから、互いに故郷を捨てて、パキスタンとインドに移住した。宗教とはおそろしいものですね。

山本　あれと似た現象が、ほかでも起こるんじゃないかと思うんですよ。シーア派はシーア派連邦のような形でまとまるなどということが。そうなると、イラクは半分に切れてしまうわけですね。その可能性は絶対ないとはいえない。ですから、民族国家ではなくて宗団国家という形で、それぞれが自分たちの宗教法を憲法としてまとまる。こうなれば、ある程度、まとまりうるのではないか。そうなっているのがサウジですね。だいたいワッハーブ派で一本ですから。こうなれば、まとまるのかなという気もするんです。

加瀬　しかし、近代化の概念と宗教法を守るというのは、まったく水と油のようなものでしょう。うまくいくはずがないと思うんです。

山本　いくはずないですね。一応そうまとめて、次に内部をどうするか。近代化はそこからはじめないと、レバノン、イランと同じ道をたどるかもしれませんね。

加瀬　イランはイスラム共和国になるか、左の第二革命が起こってイスラム人民共和国になるか、それともまた軍部のクーデターとなるかどうかわかりませんが、少なくとも、厳しいイスラム宗教国家で近代化を試みるというのは不可能ですね。

シオニストは〝ユダヤ教徒にして無神論者〟

山本　そうでしょうね。少なくとも西欧の歩いた道は、そのような形からの「脱」という形で近代化してきたわけですから。ですから、宗教法体制をそのまま維持しつつ、かつ近代化を行なうということは、言葉自体、矛盾しているわけです。そうすると、どうなるのか、はなはだ問題ですね。

いわば体制としてのイスラムから脱して、信仰としてのイスラムに変わりうるかどうかというのが、問題になるわけでしょう。これはイスラエルにもあるわけで、ヘブル大学の政治学部長のガルヌーム教授と話していて、いちばん問題になったのは、そこなんです。簡単に言いますと、憲法ができないということです。形式的につくっても、宗教法絶対なら空文です。イスラエルには五系統の法律があり、これをまとめて総合的な憲法をつくることは、結局、いまはできない。

どういう見通しかと聞きましたら、個人の意見としては、宗教的慣習とか伝統的祭りを残しておくことは少しも反対はないし、個人の宗教的信仰としての宗教は、あって当然である。ただし、体制としての宗教、すなわち宗教法体制はもうやめるべきだと。これは、もっとも進歩的なシオニストの意見なんです。

加瀬　少数派ですね。

山本　本当は主流のはずなんですが、実際は少数派です。イスラエル国民のうち、アラブ系ユダヤ人が半数以上で、彼らは宗教法順守ですから。ユダヤ教徒におけるシオニストとは何か、これはいろいろ言われますけど、つまるところ、ユダヤ教徒内の啓蒙主義者として出てきたのが初期の段階です。ヨーロッパの大部分は一応、啓蒙主義体制になったのに、ユダヤ教徒はゲットーそのほかいろいろな形で、宗教法体制のなかに取り残されている。そういう状態を打破しようということで、初期のシオニストは、過激な一面を持つ社会主義者でした。いわば脱宗教法体制として社会主義社会を目指すわけです。ですから、伝統的キブツの内部に関するかぎりは、宗教法は関係はない、とされるわけです。もっとも文化伝統そのものは維持していても、いっさいは民主的な投票で行ないますというわけです。

ユダヤ人とは、つまるところ、ユダヤ教徒だろうと私が言いますと、冗談じゃない、私はシオニストだ、という返事が返ってくることもあるんです。ですから、シオニストというのは、ユダヤ教的な宗教法体制に対抗するものとしてパレスチナに来たわけで、それゆえに、中東へ来ると、諸悪の根源になるんです。そうなっても不思議はないと私は思います。いわゆる議会《クネセット》と宗教最高裁判所《チーフ・ラビネイト》との争いは、ある意味ではいまもつづいています。しかしここまでいけたのはたいしたことで、中東のほかの国ではとてもそこまでいけないでしょう。

ですから、イスラム教徒のなかに、ユダヤ教におけるシオニストのようなものが出てくるか否かということになるでしょう。PLOは、本来そういうものだったはずなんです。

加瀬　サウジなんかから見たら、PLOも、アラファトもけしからんでしょうね。

山本　そうですね。ホメイニ師にとってもそのはずです。PLOは、その打倒を目指しているはずですから。ですから、サウジから見れば怖いはずですね。

加瀬　シリア、イラクのバース党も、そういったことを目指しているんですね。「バース」とは、アラビア語でルネッサンスを意味するといいますが、イスラム・ルネッサンスといっても、社会主義を掲げていますから、イスラム復古主義とは、まったく違う話ですね。

山本　いずれにしても、タテマエどおりでないんです。明確に脱宗教法体制を目指すのか、イスラム宗教社会主義といったものを目指すのか、それが社会主義なのか。もっともアラブの社会主義者には、私は疑問を持つんです。もっとも、かつてはキリスト教社会にも、SCM（キリスト教社会主義運動）というのもありましたけど……。

ですから、ベン - グリオン〔シオニズム運動指導者。イスラエル初代首相〕が「あなたはいったい何なのだ」と聞かれたら「ユダヤ教徒にして無神論者だ」と答えたというのは名言ですね。まさにシオニストの典型です。そういう発想がイスラム社会にあるかどうか。ユダヤ教徒にして無神論者、これは、あの社会で聞きますとたいへんに象徴的な言葉です。矛盾していますけれども、近代化はそういう方向なんですね。

ユダヤ教徒でなく、ユダヤ人だということでしょうね。これは、ユダヤ教の中で体制の改革をやろうと思ったら、宗教法体制を認めるわけにもいかないから、「ユダヤ教徒にして無神論者」という以外に、方法はなくなるでしょう。イスラムの近代化は、そういう状態以前なんです。簡単に言いますとね。

お雇い外国人に近代化を任せるしかないという現実

加瀬　しかしアラブ諸国の近代化と言っても、自分たちでやっているわけではない。計画だって、全部、外国のシンクタンクがやって、機械もお雇い外国人が運転しているんですから。こんな近代化は、前代未聞です。

山本　ですから、私はやはり、伝統なんだなと思うんです。オスマン・トルコが似た方式をとっていましたから、ミレット制の必然だと思うんです。ビザンチン帝国の最後はジェノバ人が実権を握ったような形になったんですが、イスラム体制でも、外国人ミレットがあり、これは、いわばビザンチンの遺制で、特殊技能者自治集団のようなものです。

たいへんに問題があるんですが、宗教法体制は、そうでもしないと、どうにもならない面があるんでしょう。外国人の集団を雇ってきて、なんかをやらして、自分たちはその上がりを取るという形にならざるをえない。

ですから、サウジも近代化をするとすれば、外国人にやらせて自分はその近代化の恩恵だけをもらう。そして自己の体制は崩さない。近代化のために働く人間には特許状でも与えて、宗教法体制の外の一種の自治団体として自分のなかに抱えこむ。このまま進んでいったら、そうならざるをえないのではないでしょうか。ただ、非常に多くの人間が欧米で教育を受けてきますから、こういう人たちがどういう意識を持って帰ってくるかということは、将来のたいへんにおもしろい問題だと思います。

加瀬　イラン革命でも、その一つの原因は、留学生が帰ってきて不満を持ったことがありましたね。

山本　挫折感を味わうんですね、帰ったとたんに。

加瀬　サウジにも、留学帰りがずいぶんいますでしょうね。アメリカでは、プリンストン大学の中東研究所がいちばん有名なんですが、そこのキャンパスで石を投げるとサウジの王子に当たるというくらい多いんですね。

山本　ヒッティ教授がいたところですからね。

加瀬　サウジのファイサル国王を暗殺〔一九七五年〕した青年もアメリカ帰りでしたね。

山本　過去の日本の留学生でも、非常にアメリカに反発して、超国家主義者になって帰ってくる者もいたんです。私の英語の先生ですけれども、一生、洋服を着なかったという教授もいますからね。

加瀬　右になるか左になるかは別にして、反米と、親米がおかしくまざりあうようなことになると思いますね。戦前の例では松岡洋右《まつおかようすけ》が、親米であり反米でした。アメリカで小学校から行ったんですが、漢籍に凝《こ》るわけですね。そして、皇道、天皇主義者になる。

山本　そういうケースも当然出てくるでしょう。

加瀬　サウジでは海外からもどった留学生や、青年将校、知識層のなかにかなり強い不満がくすぶっているでしょう。そこでファハド皇太子〔一九八二年、国王に即位。二〇〇五年八月死去〕は、このような不満を吸い上げようとして、実権はまったくない名目的な国民諮問会をつくることを約束していますが、そうせざるをえないというのは、かなりの不満が出てきているということでしょうね。

山本　いずれにしても、アラブ人は経済開発にあまり勤勉でないから、なかなか近代化はむずかしいです。石油という偶然の産物が、そのまま近代化につながるわけではないですから。

アラブにもユダヤにも、清貧という発想はない

加瀬　ユーゴスラビアに行きますと、かつてオスマン・トルコによって支配されていた部分と、ハンガリー・オーストリア帝国によって支配されていた部分に分かれます。

ところでクロアチアやスロベニアといった、ハンガリー・オーストリア帝国が支配していた地域は、建物も立派だし、農地もよく耕されているわけです。しかし、トルコによって支配されていたところ、すなわちマケドニアやセルビア・モンテネグロに行くと、あらゆるものがみすぼらしいわけです。木の生え具合まで違っているんですね。はっきりと区別できます。トルコの支配が、いかに苛酷であり、収奪ばかり行なっていたかということもあるでしょうが、同時に、イスラム教徒があまり働かないということをも示していると思います。

トルコのイスタンブールに行きますと、ハーレムの跡だったという、有名な建物があります。トプカピ宮殿といいますが、一方が断崖《だんがい》になっている丘の上に建っている。ここにスルタンが百人以上の女を囲っていたわけです。ハーレムに入った女に会えるのは宦官だけでした。スルタンの宮廷奴僕は白人宦官長の監督下に置かれ、ハーレムは黒人宦官がマネジャーになっている。これは実話ですけれども、あるスルタンは、手をつけた女に飽き

てしまうと断崖から下に突き落とす、あと腐れがないわけです。それが十数人もいたということです。

スルタンのハーレムの話のなかには、江戸の大奥と同じような話なんですが、宦官と恋に落ちて――宦官と恋に落ちるというのはちょっとおかしいですけれど、二人で脱出したという絵島生島《えじまいくしま》のような話が、いくつもあります。

彼女らの運命は、たいへん気の毒なもので、スルタンが一回手をつけただけで、あまり好みに合わなかったのか、二度とお呼びのかからない女が、老衰して死ぬまで閉じこめられていたということです。

そういえば、エジプトでナセルが革命を起こして追放したファルーク国王の四人目の王妃は、国王がカイロの街を車で通ったときに、婚約者とエンゲージリングを買いにきた十六歳の美しい娘を見かけて、その場でさらってきたのでした。

またサウジアラビアでは、サウド王はあまりにも贅沢と浪費をしたために、それがイスラムの水準からみても、けたはずれたものだったために、王族会議によって退位を強いられてしまったわけです。

このようにけたはずれの贅沢ができるというのは、彼らの特徴なのか、それともこういった貧富の差が気になるのは日本人の特徴なのか。われわれは平等社会というと、非常に感動するわけですね。だから、若者たちがキブツに憧れて行ってみようかと思うのは、あそこが平等だからでしょう。ところが、インドでもそうですけれど、イスラム圏でも貧富の差というものに対しては、きわめて無神経ですね。あって当たり前みたいなものです。インドの場合は輪廻転生によって、どうせいつかは一緒になっちゃうという意識があるのかもしれませんね。

イスラムの場合はそれがどこから出てくるのかというと、ちょっとわからないんですけれど、コーランからということは、ないと思うんです。貧しい者は必ず救われるとも書いてないし、逆に、清貧というような概念もなくて……。

山本　ないですね。

加瀬　マホメット自身も金儲けをしている。たとえば、ワッハーブだって、金持ちの女房をもらって、豊かな暮らしをしていたわけですね。

山本　清貧意識はないですね。この前、中東協力センターへ行ったときにある人に「イスラムには名僧というのはいるんですか」と聞かれたんです。私、この質問にたいへん弱ったんですけど、日本人のいう名僧というイメージは彼らの宗教にはないと思うんです。

枯れて、枯淡でという、ああいったものを一つの理想形として求めるということは、イスラム世界にはないんじゃないでしょうか。ユダヤ教のラビにもないと思いますけれどね。

加瀬　ユダヤ教にも清貧という概念は……。

山本　ないと思います。ただたしかにシオニストは革命家的清潔さを持っていますし、ベギン〔当時のイスラエル首相。在任一九七七〜八三年〕もウサギ小屋住まいですが、しかし、貧と清は結びつかないでしょう。

加瀬　イスラムでも、ユダヤ人も、お金は役に立つものだとみなしているわけです。ユダヤの諺《ことわざ》に「貧しいことは恥ではないが、自慢できることではけっしてない」というのがありますね。だからキリスト教のように禁欲的になって、お金を危険なものとして見下すところがありませんね。セックスに対しても、構えたところがないですね。セックスもお金も、穢《きたな》いものではありません。イスラム教の場合はタブーといったら、酒だけです。金にも、セックスについてもタブーはありません。コーランはじつに官能的な聖典ですからね。

山本　ですから、おそらく、これは風土から出てきたんじゃないでしょうか。そういう禁欲的、清貧的なことに対して人は評価をしない。逆のものに対して非常に評価をするんじゃないでしょうか。ああいう豪奢な生活をしているということは、必ずしも非難の対象にはならないんでしょうね。そうじゃなくては、ちょっとできないですよ、あんな無神経なこと。

イスラムにおける指導者の形とは

加瀬　中国でも朝鮮でも、日本では考えられない、べらぼうな贅沢がありますね。毛沢東も、数千万人の中国人が飢えて死ぬのをよそに贅沢三昧に耽《ふけ》っていました。

山本　度はずれているでしょう。

加瀬　今日の中国でも、劉少奇《りゅうしょうき》とか、江青《こうせい》とか、失脚すると、必ずけたはずれた贅沢をしていたというのが罪状に入っていますね。ヨーロッパでもはっきりとした貧富の差とか、階級差というのがありますね。日本の場合は、大臣も書生も、とにかく無礼講をやって、チャンチキオケサで同じお皿を叩いて酔っぱらうというようなことがありますけど、これは中国人や朝鮮人から見れば、理解できないでしょうね。

山本　できませんよ。やはり日本は共同体家族社会なんですね。日本では、一杯飲んだら親父も息子も平気で裸になってしまうということもあるんじゃないでしょうか。

加瀬　インドネシアも日本に似ているところがありますね。

山本　そうかもしれませんね。

加瀬　村落共同体で、上に長老がいて、なんやかや世話を焼いたり、根回しなんかやる。「シャワラ」といって、全員で協議して決める。聖徳太子の十七条憲法の和の社会なんです。

山本　部族社会というのは、これはグレゴリー・クラークさんの日本人部族社会説になってしまいますが、元来、リードするという意味のリーダーはいないんですね。ですから、長老というのは要するに世話人です。

加瀬　大平さん〔大平正芳元首相〕なんかもそうですね、みんなを引っぱってゆくというよりは、面倒見がよいということで、もっとも評価される。

山本　そうです。日本のリーダーというのは世話人なんです、リードをしてはいけないんです。

加瀬　指導者という言葉は明治以降の翻訳語で、江戸時代にはなかった言葉ですね。

山本　そうですね。元来、そういう概念はないですから。ですから部族社会ですと、ほんとうになにか危険があると、旧約聖書のショフティム（カリスマ的指導者）が出てきて一時的にリードする。しかし平和になると、元にもどって世話人だけになるわけです。イスラム社会は少し違うわけですが、強固な血縁社会ですから、似た面があります。

加瀬　だから合議制が強いんですね、上の人たちのね。

山本　同時に、旧約時代のある独裁的指導者が、すっと出てくる可能性もあるわけです。必要がなくなると、また消える。元へもどる。カリスマ的指導者の出生地ですから。氏なく素姓なく系図なく、ただ特別な能力をもった人間がリーダーになっていい。ナセルはその一例でしょう。そういう一面があるんです。

加瀬　コーランを読んでいますと、どのような政体が望ましいかということになると、結局は正義の専制者がよいみたいな、漠然としたことになるわけです。ですから、そのあたりからいまのアラブ世界を見ると、独裁が多いのでしょうね。

山本　宗教法絶対下の独裁ですから、少々西欧的独裁者と違うわけで、真の意味の独裁者はいないと言えます。コーランに反すれば、独裁者に見えるファイサル王でもパーレビ王でもしりぞけられますから。

サウド家でもやっているそうですけれども、伝統的にマジリス〔国会〕というのがあって、民のどんな小さい訴えでも聞いて裁定を下さなければなりません。これは先ほども述べた旧約聖書のショフティムの伝統ですが、大きな政治問題の裁定から夫婦げんかの裁定まで、訴えは全部聞かなくてはいけない。つまりシェイクというのは、普通は王と言いますけれど、それのことです。結局、これは裁定者であって一人で裁定をする者という意味ではたしかに独裁ですが、全部の民衆に訴えをする権利がある、ということでもあるんです。

加瀬　サウジに行くと、国王にだれでも近寄れるといって、西側の人々は驚く。日本だったら皇居か、首相官邸にだれでも自由に入ってゆけるようなものでしょう。まだ、砂漠の天幕《テント》の生活を続けているんです。

山本　だれでも近づける。それは王という概念とは少し違うわけです。ただし、これは民主的ということではなくて、その裁定に対して絶対権を持っている。ですから、法とは最初にはその裁定を下す基準としてあったんだろうと思うんです。

この伝統は生きているので、危機においてそういう強力なリーダーが出てくる可能性はある。ただこれはあくまでも一時的なもので危機が去れば消える。

第一次大戦のときにアラビアのロレンスとともにオスマン・トルコへの反乱に参加したハシム家〔マホメットの直系とされるサウジアラビアの名門家系〕にしても、対トルコという形でリードして、目的を達したと思ったら、その瞬間にバラバラになる。

第二次大戦の後でナセルが出てくる。彼は本当の目的は何だったのか、スエズ運河の国有化か、それとも、ソビエトから金を引き出してアスワンハイダムをつくって近代化を進めることだったのか。対イスラエル戦争はほんとうにやる気があったのかどうか、いろいろと問題はありますが、いずれにせよ、敗戦の危機が彼を生み出すわけです。

加瀬　とは言っても、これまでアラブ対イスラエル戦争にいちばん熱心だったのはエジプトでしょう。

山本　でも本気でないのではと思われる節があります。しかしほかはそれ以上に不熱心です。一応軍隊を展開して、一方的にやられたにしても、戦争をしたといえるのはエジプトぐらいのもんでしょう。

第四章　イスラエル問題とアラブ人

――うかがい知れぬ双方のホンネとタテマエ

荒涼たる地だったパレスチナへの、ユダヤ人の入植

山本　アラブ側は、イスラエルを西洋植民地主義の手先と言うわけですが、植民地主義を字義どおりにその地に植民することとするならば、本当に植民したのはユダヤ人だけで、まさにそのとおりです。ほかの国は植民する気はないですからね。当然でしょうけど。

ちゃんと根を生やして農業をやっていこうとしたのはユダヤ人だけで、トルコからパレスチナを奪取したイギリスは、スエズ運河の保持が目的で、次が石油問題。この二つがなければ、はじめからタッチしなかったでしょう。彼らは合理主義者ですから。イギリスは、ペルシャ湾の出口であるホルムズ海峡を守ること、紅海の出口を押さえること、つまり海上ルートの保持以外には興味を示していないんです。この二つを除けば経済的には、なにもないですから。そのためだけに駐留していたんで、アデンを英国領にし、ペルシャ湾土侯国を保護領にして、スエズを確保しましたが、植民しようという気はないし、なくて当たり前でしょう。

ですから植民地主義者は、厳密にいえばユダヤ人だけです。一八七〇年にまずミクヴェに農学校を建て、それ以後一貫して、まことに着実に腰を据えてやってきたわけです。

しかし、イギリスもなかなかですから、もっとも政治的にはこれが当たり前なんでしょうが、移民を制限したり許可したり、いろいろやるわけです。またユダヤ人の移民がある程度進むと、アラブ人の移住も巧みに進めるんです。イギリスという国は、まことにご立派な帝国主義者ですから。

マクマホン宣言とバルフォア書簡と両方を使いわけ、どちらにもいい顔をしているのと同じように、パレスチナでも絶えず両者のバランスをとっています。

加瀬　マクマホンは、第一次大戦中のイギリスのエジプト高等弁務官。アラブをトルコと戦わせるために、トルコが支配していたパレスチナを、アラブの管理下に置くことを約束しました。その一方で一九一七年、イギリスのバルフォア外相は、パレスチナにユダヤ人が「ホームランド」を建設することを支持する旨の宣言をしました。戦後、パレスチナはイギリスの委任統治領となりますが、いっせいにユダヤ人の移民が流入することになるわけです。

山本　ですから、委任統治時代のパレスチナの人口急膨張はすごいんです。一世紀前の人口はわずか二十五万でした。当時の紀行や絵を見ても無人の荒野です。キブツの連中が無人の野にユーカリを植えて、湿地の水を吸い上げて、土地を切り拓いたという建設史は、一世紀前の記録を見るとまさに事実なんです。

加瀬　テルアビブは砂地でしたね。

山本　ええ、一世紀前は何もないです。一九〇六年、砂浜にこの町をつくったんですから。エルサレムの人口を見ますと、城内にだいたい二万しか住めない。どんなに詰めこんでも絶対に四万にならない。

では、なぜ荒地になってしまったかというと、マムルークの時代に、海岸地帯が徹底的に略奪され破壊されたことが大きな理由ですね。以後のオスマン・トルコ時代は、ほんとうに放置されたままの荒野です。トルコは、バルカンだけでなく、ここでも建設はしていません。日本人がはじめてこの地に入ったのは日露戦争の直後ぐらいです。新聞記者では毎日の加藤直七記者でしょう。昭和九年に『パレスチナ印象記』という本を書いています。

当時の人の話を聞いても、過疎の地というほかないですね。そこに順次、ユダヤ人が入植していったわけです。そして、一種の奇妙な経済成長があるんです。非常に奇妙な形で……。それがいちばん盛んだったのは、第一次大戦のあとです。

委任統治時代にここは英語圏に入って、みんなが英語ができるようになる。これがパレ

戦後のイスラエル・パレスチナ

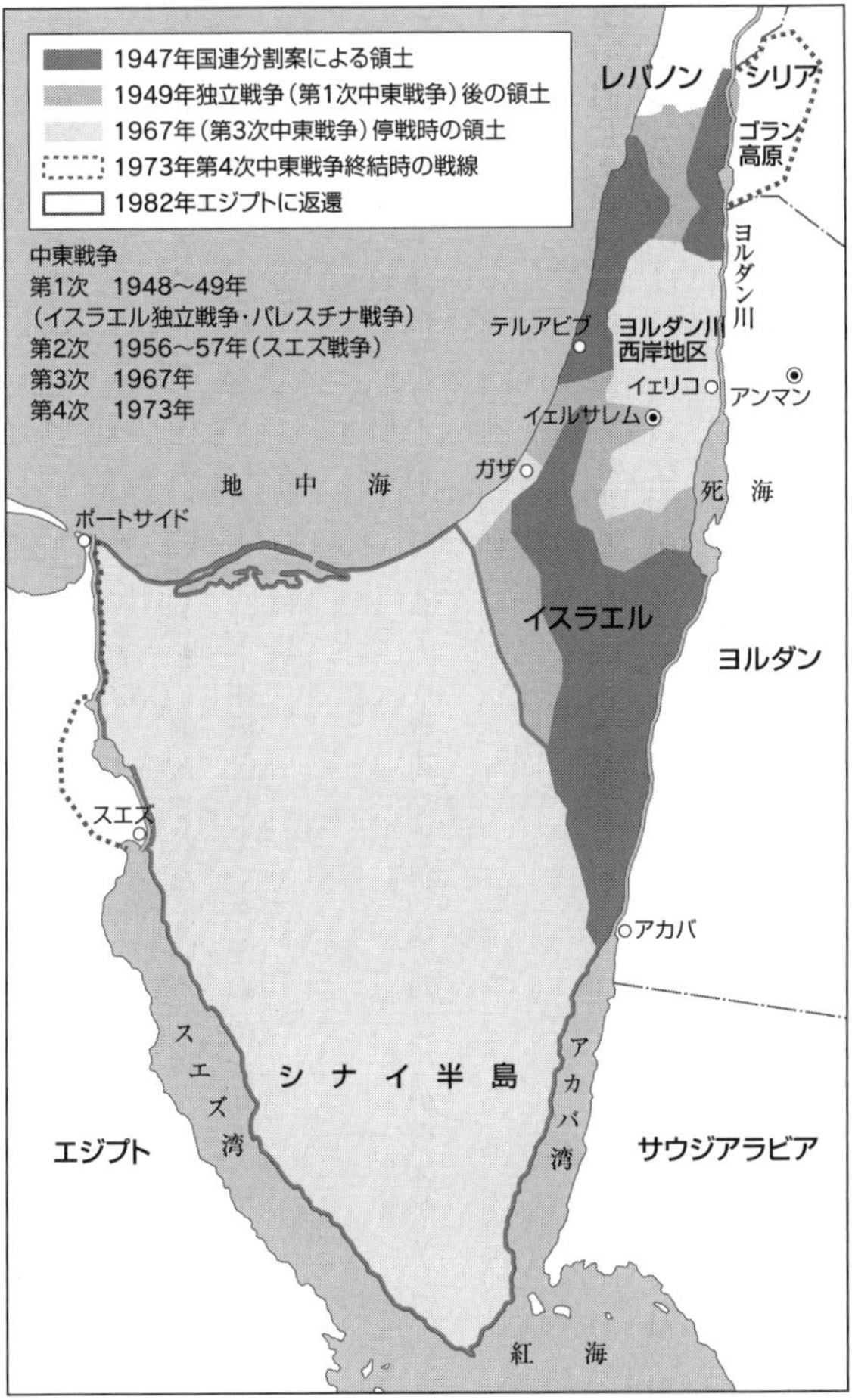

スチナ人に大きなプラスになっているわけです。ユダヤ人に対する強い反発が出てくるのは第一次世界大戦のころで、一九三〇年代から両者の対立は激化するんです。

スターキーというイギリスの考古学者は、ラキシを一生懸命発掘していて、ひげをそるのを忘れていたら、ユダヤ人に間違われて射殺されたという記録があります。

加瀬　ユダヤ人の中で、ハガナが地下組織としてできたのが一九二〇年代のはじめですね。

山本　ええ、いわゆる自衛隊ね。

加瀬　ハガナはヘブライ語で自衛という意味ですが、そのころからユダヤとパレスチナ人はドンパチやっていたのですね。

あまりにも原理原則に走りすぎたシオニストたち

山本　これにはいろいろな面があって、両者の対立以前に、このあたりは中国の清朝末期と同じで、いわゆる匪賊《ひぞく》が横行しているわけです。したがって、銃による自衛はなにもユダヤ人だけの問題ではなくて、自衛して隊を組まなくては歩けないというような場所もあったわけです。エルサレムの人間がなぜ城壁の中にいたかというと、外敵が攻めてくるのが怖いのではなくて、あの中しか安全じゃなかったんです。うっかりすれば奴隷に売られる。城壁外にはじめて家を建てさせたのが、モンテフィオール〔十九世紀イギリスのユダヤ人富豪〕で、一八三九年のことですが、城外といっても出城のような形です。

加瀬　やや満洲国が建国される前に似ているようなところがありますね。

山本　ええ、同じです。

加瀬　五族協和じゃなくて、はじめはユダヤとアラブの二族協和の国、両族の国をつくろうということで。あの、バルフォア宣言にはイスラムの権利にもふれている。

山本　二族協和の動きというのは何回もあるんですよ、両者のあいだで。これに大きな影響を与えて分裂を決定づけたのはナチスなんです。エルサレムのムフティ、ハジ・アミン・アル・フッセイニという熱狂的なナチス党員がいまして、ヒトラー側近で最後はベルリンにいたわけですけど、これがパレスチナにおける反ユダヤ運動の先頭をきったのです。

加瀬　エルサレムのユダヤ人地区でユダヤ人を殺したりして、ヨーロッパでしていたのと同じようなことをやったわけですね。それがハガナが生まれる引金になった。

山本　そういうわけでしょう。いつでも国際政治というのはご都合主義なものですが、アル・フッセイニだけは戦後、無罪放免です。対アラブ関係の調整のためということでしたが。そのころからパレスチナに局限されていた問題が一つの理念のような形でアラブ全体に広がりだして、反シオニズムという形になります。

同時に、シオニストとは、在来の宗教法体制の社会のなかで、これまた極端な行き方をした、しすぎたという感じもするんです。彼らは革命家で、教条主義的原則論が好きで、なんといってもあの時代はマルクスの影響が強かったですから、商人的・中間階級的ユダヤ人をたたきなおして、まず労働者と農民を創出し、それを基に国家をつくろうという考え方でしたからね。

最近になって、レバントへ来たんだから、ある程度こちらがレバント化をしなければいけないと、そういう発想もようやく出てきたわけですが、それまでは逆に全中東を解放するみたいな意気ごみがあるんです、なにしろ解放勢力ですから。

それで両者の反目がひどくなった。アラブ人は聖典に忠実であったし、ユダヤ人のほうは、あまりにもイデオロギー的原則主義者であった。私などは、そこが問題だったと思うんですね。

アラブ世界は、パレスチナ問題に関心なし

加瀬　アラブ諸国は、あまりパレスチナのことを心配しなかったんですね。自分本位ですから。

山本　ええ、本当の意味の関心はないんです。本来はないのが普通です。その証拠に、パレスチナ戦争をだれがいちばん真面目に戦ったかということがいつも問題になるんですけれども、ユダヤ人の話を聞くと、独立戦争〔一九四八年。第一次中東戦争〕はいちばん苦しかったという。つまり、武器もなんにもないということと、体制が整わなかった。それから、シナイ戦争〔一九五六年の第二次中東戦争〕、六日間戦争〔一九六七年の第三次中東戦争〕、それ以後の継続戦争〔一九七〇年までつづいた散発的な砲爆撃〕、ヨム・キップル戦争〔一九七三年に起こった第四次中東戦争のイスラエル側の呼称〕とあるわけですが、一歩一歩、楽になってきたという。つまり、独立と同時にイスラエル側はしだいに自信と戦意が高まってきた。

ところが周辺のアラブ諸国は一向に、それに反応していないという感じがあるんです。逆にますますやる気を失っているんじゃないか。いちばん声が高いのは距離が離れている国で、離れているほど声が高いんです。

加瀬　たしかに、そうですね。

山本　リビアは、国境を接していないから、絶対なにもしないでいいわけです。それで声だけは大きい。同様に国境を接していないイラクも強硬派です。ところが隣接している国はどうかというと、レバノンもいっさいなにもしない。はじめからこれはなにもしてはいないです。それから、シリアには実際、戦争をした形跡はない。イスラエルが占領したゴラン高原には、シリア軍の将校クラブの跡があるんですが、非常に贅沢なもので、床が総ガラス張りなんです、下をヨルダン川が流れていて……。

加瀬　ええ、見たことがあります。丘の途中にありますね。シリアの紋章がかかっていた……。

山本　あれがまったく無傷で残っているんです。そのガラス一枚割れていない。だれも戦闘しないで、敵が来たら逃げたということですね。これはどこの戦跡を見てもそうなんです。

加瀬　ゴラン高原の旧戦場でも、案内してくれた将校が、あれをごらんなさい、木が立っているでしょう、と言う。たしかに木が何本か立っているんです。あの木の下にはシリア軍のトーチカがあった、トーチカをつくって、そのあとから木を植えて、その下でトルココーヒーを飲んでいた、と言う。日陰をつくるためにそうしたので、だいたい木のあるところはトーチカがある。われわれはあらかじめ木を見て位置をつかんでいたというんです。

山本　のんきな話ですよね。そういえば戦闘機を全部、飛行場に並べていて、昼食のために全員が持ち場を離れていたときに、敵の来襲を受けて、それが一瞬にして全部だめになったとか、そういう話がありすぎます。

それから、ラムレへ行く途中にアミュミッション・ヒルという、いまは公園になっているヨルダン軍の要塞があります。私は太平洋戦争に行ったから戦跡を見るとだいたいわかりますけれど、銃眼に弾痕がないんですよ。どういうことなのかという気がするんですが、つまり戦っていないということでしょう。いちばんの要塞だといわれていたところで、あれを取られたから、一気にヨルダン川西岸のナブルスが落ちたとまで言われているんですが、本気で戦った形跡がないんです。だから、あれは六日間戦争ではなく四時間戦争だったという悪口もあるわけで……。

加瀬　つまり、パレスチナを奪回するために真剣に戦ったアラブの兵隊はいなかったということですね。ＰＬＯは別にして。

山本　私はいなかったと見ているんです。だいたいＰＬＯも本当にその気があるのか。ただ華僑のようになっているパレスチナ人のいわゆる保護機関にすぎなくて、大義名分からときどきテロをやるだけなのか。彼らが本気で軍隊を組織してパレスチナに組織的攻撃をしかけたという例はないんです。

加瀬　ＰＬＯの武装組織といっても、どのくらいいるんでしょうか。

山本　それも明確にはわからないんです。十万という説もあるんです。まあ四十万と仮定して、それを全部握っていても……。

加瀬　女、子供も含めてですね。

山本　はい、女、子供も含めて。ですから、そのなかから、たとえば五万人の軍隊をつくったと仮定しても、イスラエルはユダヤ人人口、わずか三百万の国ですから、その五万の兵力はたいへんな力を持ちうるはずなんです。ところが、主導権を握って戦闘をやろうという気はないわけですね。ですから、あそこの戦争というのは行ってみると、さっぱりわからなくなるわけです。

ただ、みんなの共同の敵を持っていると、内部矛盾を隠せるという点は、たしかにあるでしょうね。

加瀬　もともとアラブはお互いに争いの絶えなかったところで、戦後、イスラエルがそこに現われなかったとしたら、いまごろ、お互いに盛んにドンパチをやっていますよ。部族抗争が常態ですからね。

山本　やっているでしょうね。そのために、ありがたいものが来たわけですよ。共同の敵ができましたからね。そのかわり、逆にアラブ対イスラエルという形にしてしまったために、アラブの中から民族国家意識は生まれなくなったという気がするんですよ。だから、シリア国とイスラエル国が戦争をしたという受け取り方はされない。全アラブによるいわゆるジハード〔聖戦〕のようになってしまう。イスラエルと平和条約を結んだエジプトに対する批判でも、単独講和が批判の原因ですね。実際問題としては、エジプトが戦争をしたんですからエジプトが講和を結んでいいわけです。

加瀬　なんといっても、戦ったのはエジプトだけですからね。あとは、適当に手を抜いていた。

山本　ええ、ほんとうに損害を受けて戦争をしたというのはエジプトだけです。だから、戦争を一度もしていない国がこれを批判することは、われわれから見ると少々おかしいんです。いわゆるスーパー・ナショナリズムかもしれません。やはり、その必要があの社会にはあるんだろうと思います。

イスラエル問題は、アラブ世界を映す鏡

山本　ある時期以降というのは、あのイスラエルを見ることは、アラブを見る鏡のようになるんです。イスラエル問題というのは、イスラエルの問題ではなくてアラブの問題ですからね。

加瀬　イスラエルとアラブの問題は、二つの大戦争、世界大戦によって生まれたようなところがありますね。

山本　そうです。ユダヤ人の移民そのものはずいぶん古くからありまして、ティベリア〔ガリラヤ湖畔の町〕に移民したのがスレイマン二世〔十六世紀、オスマン・トルコ全盛期を築き上げた皇帝〕のときで、トルコの要請によって、ドン・ジュセフ・ナシ〔十六世紀のユダヤ人政治家。ポルトガルに生まれ、ヨーロッパからトルコまでの宮廷に重用された〕があそこに町をつくって入植させたわけです。それ以外にもパレスチナに帰りたいということで、トルコ時代にツェファット〔ガリラヤ湖の北側にある町〕その他へ帰った人間は少なくないわけです。いまのナボン大統領〔イスラエル第五代大統領。在任一九七八～八三年〕も、ちょうど四百年前にモロッコから帰ってきた子孫です。

こういうのは、ハルカといわれた人たちで、これに対する反発はなかったわけです。つまり、トルコ内の宗教法体制のなかに入って、トルコ的な社会的階層のなかに位置しているのなら、これはいてもかまわなかった。ですから当時はむしろ、ヨーロッパよりもトルコのほうがユダヤ人にとっては生活環境がよかったこともあるわけです。トルコへ行こうというスローガンは、事実、西欧のなかに、またとくに東欧のユダヤ人にもあったわけです。

加瀬　東欧やロシアに住んでいるよりは、トルコのほうがまだ扱いがよかったということですね。

山本　ええ、ずっとよかったんです。トルコ政府の政策は、諸宗教に一応段階はつけていますけれども自治があり、同時にこれを対立させてトルコ政府に反抗させないという、ある意味で保護政策をとっていましたし、もちろん宗教的自治権も与えていた。ですから、トルコ政府とユダヤ人のあいだに先鋭的な関係が出てきたのは、だいたい、シオニストの入植以後と、こう見ていいと思うんです。

とくに、シオニストの入植で一九〇六年にテルアビブが、一九一一年、キブツ・デガニアができたころですね。最初の入植が一八七八年、これが近代的入植のはじまりです。ところが、このときも別にそう反発はない。パレスチナの人口がわずか二十五万ですから、大きな問題にもならなかった。

ところが前に言いましたように、まず労働者、農民を創出して徹底して社会主義の脱宗教法体制へと進むとなると、この人たちは東方宗教法体制のなかには入らない異人種集団ということになります。脱宗教法体制と近代化を目指してキブツという自分たちの小さい近代社会をつくる……。

加瀬　これはヨーロッパのナショナリズムと、それからヨーロッパで差別をされてきたという、この二つの要素が混じってくるから、まったく別人種みたいなのが現われる。

山本　これは宗派的にいうと、ユダヤ教徒のアシュケナージ〈中欧、東欧系のユダヤ人〉派というわけで、元来そこにいたのはスファルディ〈中東、アフリカ系のユダヤ人〉派で、この面でもちょっと違っていた。さらに先鋭的な啓蒙主義者でして、相当に極端であった。それに対する地元の反動は当然出てくるわけで、その意味で両者の争いは、小さい規模ではありますけれど、延々とつづいたわけです。

加瀬　一九一七年にバルフォア書簡が出て、ユダヤ人の移住が本格化しますね、ナショナル・ホームをつくると言って。

山本　同時に、〈マクマホン宣言〉も出して、トルコの圧政下におかれているアラブ人の独立回復も援助する、と。この両方が出てきたわけです。

加瀬　両方の機嫌をとる必要があったからですね、イギリスにとっては。それが第一次世界大戦が終わるまでつづいた。

山本　ところが大戦が終わってしまうと、機嫌をとる必要がなくなりましたから、なんやかや言って、フランスと共謀して中東の分割をする。そしてスエズ運河と紅海の出口とホルムズ海峡だけを確保する。当時は石油が出るのはペルシャ湾岸とイラクのキルクークでしたが、この油田地帯も確保する、これが目的であって、そのためにアラブ人もユダヤ人もけっこう利用したということですかね。

ユダヤ人のほうは一九〇六年、テルアビブの建設にかかる。どんどん入植者は増えていって定着していくんですが、これはアラブ人に脅威を与えるので、イギリスはしばしば移民を制限する。その一方においてアラブ人の移住もすすめる。バルフォア・マクマホン両宣言を現地でそのままやって、いまのパレスチナというのができてきたわけです。

加瀬　ディアスポラ〔一世紀のユダヤ王国滅亡後、ユダヤ民族が世界に四散したこと〕のあいだは、ユダヤ教徒は毎日、祈るときに最後には必ず、来年はイスラエルで会おうと。

山本　いま東京でもやっていますよ。過越祭《すぎこし》のときに、来年はエルサレムで祝おうと言うのが一つの合言葉です。だいぶ前ですが、ユダヤ教団の会合に出まして、トケイヤーさんがいたころです。あの人はユーモアがあるんで、「来年はイスラエルで」という定形句を言いながら、あとでニヤッと笑って「しかし、おそらく東京で」と言って、笑っていました。ですから、これはずっと言いつづけてきたわけです。なんとしてもエルサレムへ帰りたいという悲願のようなものは、実は古いんです。

エルサレムの城壁の壁に、落書きなんですけれども、それが聖なるものになって、そこがすり減らないようにガラスで囲ってあるのがあります。これは有名な背教者ユリアヌス帝のときに聖地帰還が許されて、やってきたユダヤ人が彫りこんでいったもので、これは、たしかイザヤ書六十章十四節ですね。意味はなんでもないんで、それを象徴的に受け取っているわけです。注解をすると、必ずここへ帰って来るということなんです。ですからエルサレム帰還は連綿とつづく精神運動ですよ。

それから、死んだらエルサレムに葬られたいという欲望もたいへん強いんです。キデロンの谷というのがありまして、その向こう側がずっとユダヤ人墓地で、火葬はできませんから、死ぬ直前になると、わざわざ、あそこにもどってくるユダヤ人もたいへん多いんです。

ああいう聖地意識は、ちょっとわれわれにはわからないです。ですから、こういう運動は一貫してあり、それは必ずしもつねに反発を呼んでいないんですね。ただ反発が出てくるのは、まあ、キブツができてからです。

加瀬　本格的に入植がはじまってから、ユダヤ人のパレスチナへの入植を援護するためのジュウイッシュ・エージェンシーが一九二〇年代の終わりにできた。全世界のユダヤ人家庭に募金箱を置いて資金を集めて、パレスチナ移住を奨励した。第二次大戦がはじまったころはパレスチナのユダヤ人人口は四十五万人ぐらいでしたね。

山本　ええ、そんなものですね。ジュウイッシュ・エージェンシーは、たいへん問題にされる機関なんですが、最初はヘルツェルのワールド・シオニスト・コングレスの執行機関としてできたわけで、当時そんなに意味のある活動はしていないんです。これは、世界のユダヤ人から寄金を集めてパレスチナ国家をつくるという目的だったわけです。実際には入植したのは東欧からで、お金を出したのは西欧側、主としてロスチャイルドでした。

西方がお金を出して東方が入植したという方式は、以後一貫してつづいてきて、お金を出すのにアメリカが加わったというわけで、この資金集め、入植の世話、入植地における教育、これを組織的にやっていたのが、ジュウイッシュ・エージェンシーです。そのころから、これが大きな力、地下政府のような力を持っていくわけです。で、いまでも、ジュウイッシュ・エージェンシー担当大臣というのがいるわけで、これがパレスチナのイスラエル人とユダヤ人を結びつけているシオニストの組織ということになりますね。この点でも、彼らもどこかスーパー・ナショナリズムがあるわけでして、これはイスラエルとアラブに共通する東方の特徴かもしれません。

意外に新しいＰＬＯの誕生

加瀬　シオニスト会議の会長を務めたワイズマンは、四八年にイスラエルの初代の大統領になりますけれども、彼は『試行錯誤』とでも訳すんですか、そういう題の自伝のなかで、いまのイスラエルとアラブの対立問題にうまい説明をしています。この本はイスラエルが独立した一九四八年に書かれたものですけれど、パレスチナ問題は、「ユダヤ人が正しいのか、パレスチナ人が正しいのかという問題ではなくて、両方とも正しいのだ」と書いています。

山本　ワイズマンという人は非常に協調的な人でして、メッカのフセインとなにやら気が合ったらしく、一九一九年一月三日に、彼の子のエミル・ファイザルとワイズマンの間で合意書がつくられているんです。そういうわりあいに協調的な時代もあるんで、両者が必ずしもつねに犬猿の仲だったとはいえないです。

日本は、この地を知ってからの歴史が短いですから、五千年の争いとか、二千年の争いとかいう人もいますが、これは根拠がなく、トルコ時代でもそういうことはないし、二十世紀でも協調的な一時期もあったんです。

ＰＬＯがいつできたかというと、日本で案外誤解されているんですが、これは創立されたのが一九六四年で、そんなに古いものではありません。イスラエルの独立と同時にあったわけではないんです。エジプトのナセル大統領が別働隊として、アフマド・シュケイリにつくらせたというのが定説ですが、つくった動機が、パレスチナ回復にあったのか、いわゆるナセル主義を、シリアからレバノンにまで推し進めてアラブを自己の支配下に統合することにあったのか、それは問題で、その危険性を見たヨルダンのフセイン国王と対立したわけです。ですからフセイン国王とＰＬＯの全面戦争〔一九七〇年九月、フセイン国王はＰＬＯの撲滅に踏みきり、「黒い九月事件」と呼ばれる虐殺事件が起こった〕になってしまった。日本じゃ変にＰＬＯに同情的な言葉が当時ありましたが、むしろあれはナセルの代理戦争ですね。あれで敗れたことが、ある意味ではナセルの敗北になっているわけです。

加瀬　一方では、イスラエルに対する聖戦を戦うといいながら、六二年には北イエメンをめぐって、ナセル大統領が派兵して、サウジとエジプトとのあいだで大きな衝突が起こるわけですね。

山本　これがもう本当の泥沼戦争、いわばナセルの〝ベトナム〟になってくるわけですね。あれこそナセルの命取りになったといっていいわけですね。

加瀬　エジプトの経済が、相当悪いところで、ベトナム戦争みたいな外征戦争を戦った。ナセルの汎アラブ主義の戦争でした。

山本　トルコ時代は一種の平和時代、とは言えないまでも、なにはともあれ、中東もまとまっていた時代があるわけで、現在のアラブ内の問題、中東内の問題ということに限るならば、トルコ体制から、新体制に移っていく過程における流動的状態と見てよいと思います。その刺激剤が、奇妙なことにイスラエルだと見ていいのではないかと思うんです。

これがどういうふうに再編されれば落ち着くのかは、まず予測はつかない。レバノンのように失敗するかもしれないが、それを克服して、シリア国民とか、イラク国民とかいう意識ができて、国民国家ができて落ち着くかもしれない。ただし、これは少々望み薄ですけれど。

エジプト・イスラエル平和条約の誤算とは

山本　シオニストが来たときからすでに百年、イスラエルが独立してからすでに三十年、ユダヤ人が近代的な生活の一面を実地に見せていますから、パレスチナ人も、長い人は三世代ぐらいそれを経験しています。一世代や二世代はむずかしくても三世代目になると、ユダヤ人のホテルで月給をもらって生活しているベドウィンも出てきており、パレスチナ人の近代生活も、だんだん定着してくるんじゃないかと思われます。イランのような空虚な近代化は問題ですが、イスラエルに住むアラブ人の近代化は、これとは少し違うと思います。

エルサレムのホテルで働いているアラブ人の意識は、ユダヤ人のなかで訓練されているからでしょうけど、先進国で働く普通の人間と変わりません。ですからあの人たちに、元の生活にもどれということは、不可能だろうと思うんです。月十ドルでも、朝からぶらぶらしてたほうがいいというわけにもいかないと思うんです。

ですから、ここがむずかしい問題で、パレスチナ・ミニ国家となってヨルダン川西岸（ウェストバンク）とのあいだに国境ができたら、あのなにもないところで、あの人たちはいったいどうするんだろうという気がします。

加瀬　一九七七年十一月に、エジプトのサダト大統領が突然エルサレムを訪れて、世界を驚かせました。それから、七八年九月にキャンプデービッドで、平和条約を六カ月以内に結ぶという合意が行なわれ、ホワイトハウスの庭でサダト、ベギンイスラエル首相、カーター米大統領の三者が署名ということになったわけですけれども、サダトがエルサレムへ行ったとき、それからキャンプデービッドに三人が集まったときと、その後に平和条約が締結されたときとでは、平和条約を成功させる大きな前提要素が抜けてしまったと思うんです。

なにかといえば、シャー（イラン国王）が持っていた軍事力が、この間にイランで起こったイスラム革命のために、使えなくなってしまったという点です。シャーが持っていた軍事力が、湾岸諸国の安全のために実際に使われた例は、七五年にオマーンのドーファー地方で共産系のオマーン解放戦線が反乱を起こしたとき、五千人のイラン軍が派遣されて鎮圧したことがあります。サウジあたりでも、もし王政が危なくなったら、シャーの軍隊がやってきてくれるという安心感があったと思うんです。

ところが、七九年一月のイラン革命によってシャーがいなくなってしまった。そこで、アメリカ、エジプト、イスラエルが期待していたようには、ヨルダン、サウジ、それから湾岸の土侯国という穏健派諸国が平和条約にのってこなくて、逆に過激派のほうにいってしまった。だからたいへんな読みの違いが出てきて、いまは全員が綱渡りをやっている。

山本　いや、それはですね、これはこの前、サダトがイスラエルを訪問した直後にエルサレムに行ったときに、ヤディン副首相に会ったわけですが、そのとき「いったいどうなるんだ。将来の様子を答えてくれ」って言ったわけですよ。ヤディンは言うことはうまいんで、「あなた、半年前にサダトが来るという予測をたてえたか」と、「中東というところは、半年先はわからないのだから、これから半年先は私にだってわからない」と。

そのとき冗談みたいに、半年先にアラファトだってやってくるかもしれない、と。本当に、どこがどうなのか、あの社会は予測がつかないんです。

アラブへの脅威で成り立つイスラエル

山本　イスラエル人はユダヤ人ではない、という言葉がありましてね。

加瀬　イスラエルでちょっとおもしろいと思ったことがありますが、閣僚でもネクタイを締めないでしょう。私も、そのほうが好きなんですが、まったくくだけてるんですね。外国人と会うときにだけネクタイを締めて出てくる。ぼくがたいへん羨《うらや》ましいと言ったら、昔、ヨーロッパから新しく来た移民はみんなフォーマルな恰好をしてネクタイをしていた、先から来ている建設者には、あとから来た者に対するスノビズムがあった、と。

山本　スノブはネクタイをしない。

加瀬　そういう伝統があるんですよ。

山本　そうかと思えば正統派はいまでもフロックコートを着て歩いているし、まあフロックだかなんだか知らないけど黒いコートを着て歩いている。あれは混紡を絶対に許されないです。綿なら綿百パーセント、それから化繊でも百パーセントならいいんだそうです。これは旧約聖書の申命記に混紡禁止の規定があるんで、それをいまも守っているわけですね。

加瀬　聖書によって顔をそるのは禁じられているんです。万一、傷をつけるといけない。それで電気カミソリがいいか悪いか大論争になって、いいという派と、いけないという派があるんです。だから本当のオーソドックス派は、髭をそらずに髪を長く伸ばして編んでいますね。

山本　いまは、あれはカミソリではないというほうが優勢なようです。われわれから見るとまったく何を議論しているんだろうということになるんですが。

加瀬　イスラエルで宗教上の戒律の問題で、内閣が潰れたことがありましたね。

山本　あります、これがいちばん問題です。ベギン内閣でも外部から見ていますと、外交上の問題で非常に苦しんでいるように見えますが、内部で見るといちばん苦労しているのは内政ですよ。これはもうたいへんです。

たとえばこの前も、労働党と激論になり、ベギン内閣がこれで潰れるかといわれたのが、女性の良心的徴兵拒否を認めるか否かなんです。良心的徴兵拒否を認めるほうがたいへん進歩的に聞こえ、認めないのが保守に聞こえますでしょう。日本の新聞などは、そういう見方しかできないのですが、この社会に行くと逆転ですよ。

これを主張するのは、宗教党が先頭で、男は女の服装をしてはならない、女は男の服装をしてはならないという旧約聖書の申命記の規定を厳守せよということなんです。軍装は男装ですから、律法《トーラー》に反するという宗教的理由で男装を拒否する女性に対して、その権利を認めよ、となれば徴兵を拒否してもよろしいと認めることになる。その当否が問題です。

われわれの考え方とは次元が違うわけでしてね。だから労働党が反対するわけです。この宗教法的なものが国法に入ってくることは反対だと。だから、保守派は逆に賛成するわけです。日本ではこれは報じられませんでしたが、日本的に見ればベギンは進歩的、労働党は保守的となるんですが、こういうおかしい錯覚は中東に対して絶えず出てくるんです。

加瀬 アラブ諸国はイスラエルがあるために団結して、ナショナリズムが強化されたわけです。逆にイスラエルでも同じようなことが言えますね。あれだけまわりを囲まれているから、いまでも成文憲法が持てないようなさまざまな違った要素を持つ国を、なんとか一応まとめていますが、もしアラブの脅威がなかったとしたらもうバラバラでしょうね。

山本 口の悪いのが、イスラエルを壊滅させるとアラブは言うけれど、本気ならこれはわけない、平和条約を結び、もう絶対あなた方を敵としませんと言えば、次の瞬間、彼らがバラバラになるから目的を達するだろう、と言うんです。

加瀬 同じユダヤ人と言っても、肌の色が違う、人種が違う。まあさまざまですね。

山本 七十カ国とも五十四カ国ともいうくらい、いろいろあるんです。エチオピア人そつくりの人もいますし、コチンから来たのはほんとにインド人、まったくインド人です。それからビルマ人、黒人もいます。また金髪もいますね。

加瀬　中国にも七世紀ごろからたしかユダヤ人社会があって、ユダヤ教徒がいたわけですね。

山本　ええ、開封〔華北の河南省〕にシナゴーグがあったんですが、一九一一年ごろ消えているんです。迫害はなく、ここが迫害なくしてユダヤ教徒が消えた唯一の例です。中国人というのは、まことに不思議な同化力があるんです。イスラエルの場合は中国、日本を別にすると、金髪からアベベからインド人にいたるまで全部いるわけで、一時はアメリカのように人種のメルティング・ポットを目指したわけです。全部を混ぜてイスラエル文化をつくろう、その中心にシオニズムを置こうとしたわけですが、最近はそれを口にする者がいなくなりまして、各文化を全部尊重してモザイク文化をつくろうという形に変わっています。

あのユダヤ教文化、統一イスラエル、国防軍というひとつのベースは守るけれども、そのうえで各移住者が全部それぞれの文化を発揮してモザイクのようになればいい、これはアメリカでも最近言っていることですけど。

加瀬　だからチーフ・ラビがアシュケナージとスファルディごとに、ひとりいるんですね。

山本　ええ、この二人が仲が悪くて……。この前行ったときだれに会いたいかと言われたので、「会うんならアシュケナージのデビット・ゴレンと、それからスファルディのオバデヤ・ヨセフの両方に会いたい」と言ったら、「冗談じゃない。ゴレンに会ったら、ヨセフは絶対に会わないと言うし、ヨセフに会ったらゴレンは絶対会わないと言う。どっちか一人選びなさい」と言われましてね。それくらい対立が激しい社会なんです。同じユダヤ教徒でも、原則となると絶対譲らない。あの社会は本当にむずかしいんです。

第五章　イスラム世界と日本

――まったく異質の社会と、いかに付き合うべきか

中東と欧米は、もともと同質同根の世界

山本　こういう社会とどう付き合うかということが、日本の問題となるわけです。大切なことは、まず、どんなに政体が変わろうと、イランがホメイニ政府になろうと、サウジに何が起こってこようと、中東の社会構造と精神構造の基本は変わらないということです。

加瀬　まぁ共産化してもロシア人の性格が変わるわけじゃないですが、それ以上にです。どうですか、日本で共産党の宮本委員長が独裁者になっても日本人はそんなに変わらないでしょう。

山本　変わらないでしょうね。ですから石油問題であれ、なんであれ、最後の決め手があるとすれば、この精神構造と社会構造を把握して、どう付き合うかという方法をわれわれが見つけるか否か、だけなんです。

加瀬　先ほど留学生の問題が出ましたけれども、アメリカ人、ヨーロッパ人がサウジなどのアラブ人たちとうまく付き合えるということは、歴史的な因縁もありますが、もうひとつは同じ学校へ行ったということがありますね。日本で東大を出たとか、一橋を出たとか言ったところで、向こうへ行ったらぜんぜん意味ないですからね。

山本　これはたしかにあるんですね。ベイルートのアメリカン大学がアラブのエリートを供給していたころは、どこのだれがどう反対していると言っても、結構あの大学の同窓生だという点があったわけです。これも日本人が持ちえない問題点なんです。それなら日本に留学生をたくさん呼ぶかとなると、まず残念ながらこれは不可能なんです。

第一にあまり違いすぎますのでね、受け入れたら双方ともショックが大きすぎて、どうにもならない面もあるでしょう。やっぱりアメリカぐらいがいいとこで、そう考えると、アメリカとかヨーロッパは、やはり彼らと同質社会なんだと思われますね。

加瀬　結局、キリスト教というのは、彼らと同根ですよ。われわれが考えるよりはるかに近い。

山本　ええ、同根ですから。だから最終的には、旧約聖書的発想で、同文同種なんです。同文同種といえば、日本が中国と同文同種という以上に、同文同種ですから。われわれのほうの同文同種はあやしいものですが。

加瀬　キリスト教が、ユダヤ教を踏み台にして出てきた。同じ理屈でマホメットはキリスト教とユダヤ教の上に立って出てきた。

山本　旧約聖書というひとつの根があって、そこでつながることができます。しかも社会構造もいちばん基本まで見ていくと、少なくとも中世においては非常に似たところがありました。もっともこれは、とくにレバントに言えることで、ここはビザンチン圏、ローマ圏とひとつになるわけですから、こういう前提のある連中とは、なにやかや言っても付き合えるんですよ。

変な話ですけど日本にいるイスラム教徒でも、「あなたは何だ」と聞かれてキリスト教徒だと言ったら、向こうはこっちを信用するんです。たいへんにおもしろいんです。キリスト教徒のことは徹底的にきらいなんですが、昔でいえばジンミすなわち聖典の民に入るんです。

ですから日本人は、マホメット時代にもどるのなら、イスラム、マワリー、ジンミ、偶像教徒、奴隷と五階級あるなかの第四階級なんです。

日本人はアラブに行っても、イスラエルに行っても、たいへんに友好的で調子がいいと言う人がいますが、簡単にいえば両方から異質の人間として除外されていて、問題にされないから、調子よくやっていけるわけです。宗教体制では論争の相手には絶対ならないですから。いわば別の社会です。キリスト教圏、ユダヤ教圏とは同根だから対立があるんです。同時にサダトとカーターとベギンとが期せずして、イザヤ書の同一個所を引用して肩を抱き合う面もあるんですが、これはわれわれにはないです。

加瀬　といって、中国と日本は同根じゃないですからね。まったく異質な文化です。だから中国ともあまりうまくいかないし、韓国あたりに行くとちょっと相通ずるところがあるけども、といっても日本と、中国、韓国とでは、儒教のあり方がまったく違いますからね。

山本　違います。結局、人種、族、国境を越えたところに共通の聖所を持つという歴史の有無ですね。イスラム教徒はどこの国民であれメッカへ来る。ユダヤ教徒はどこの国民であれエルサレムへ来る。ローマとかエルサレムとかメッカというのは、みなその国境を越えた聖所として存在するわけで、われわれはそういうものを持った歴史がない。まあ、お伊勢さんというのは日本列島のなかですから。インドかなにかにあってくれれば別ですけど。

「アジアは一つ」という大いなる誤解

山本　この中東を認識する場合に、日本で障害になっているものは「アジア」という言葉です。極東も中東も含めてアジアは一つと考えて、ヨーロッパ対アジアという対立構図から、中東をつかむところから誤解がはじまっています。

加瀬　世界のなかで日本人だけでしょう、アジアは一つだとか思っているのは。アジアには多くの異質の文化がある。インドネシア人とか、ビルマ人とか、ほかのアジアの国の人たちで、アジアは一つだなんておかしなことを考える人はいないんです。

われわれは明治以前に、アジアを知らなかった。それが明治に極端に性急な西洋化をやった。その結果として、それに反発する幻想としての「アジア」が出てきたわけですね。

山本　ですから、中東は、基本的な社会構造では、ヨーロッパ、アメリカに近いんです。そのヨーロッパ、アメリカは、啓蒙主義以降に、われわれと共通する脱宗教をしたけれども、中東はそれをしなかった。したがって中東は、われわれからいちばん遠い社会だ、と見たほうがいいわけです。ですから、その認識をはっきりと持たずに、中東もアジアだからわかりあえるだろう、といった意識を持つことが危険だと思うんですよ。

宇都宮徳馬《うつのみやとくま》さんでしたか、中東から帰ってきて、ＰＬＯと日本人は同じであると言う。なぜ同じだと言いたがるのか私にはわからないのですが、彼によれば、われわれはエトロフ、クナシリを占領されている、ＰＬＯも国土を占領されているから同じだというわけです。こういう発想では、もう理解以前の問題です。

まずそういう発想をやめて、相手は基本が異質なのだから、これとどう付き合うかを研究するという態度になりませんと。

加瀬　歴史的に言って、アジアという概念自体がアジアのものではないですからね。そもそもギリシャ時代に小アジアから向こうは、全部アジアと呼ばれたんです。ですから西洋から見た一方的な呼び方ですね。アジアのなかで、アジアという言葉は、どこの国においても外来語ですよ。

山本　いろいろに言われますが、ヨーロッパ人がこの言葉を使うようになったのはローマ帝国のアジア州からで、これが新約聖書に登場して、その方向をアジアと言うのが一般化したわけです。

加瀬　ベトナムですとか、インドネシア、インドへ行って、日本人がおれとお前とは同じアジア人だと言うと、向こうが驚くんですね。変に親しくしないでほしいと思うでしょう。

山本　でしょうね。だからまず相手と、自分たちがどう違うかをしっかり把握して、次にその人たちとどう付き合うかという方法を見つけることでしょう。これが中東に対してはどうもうまくいかないんです。結局は石油があったからというだけで、それ以上の関心はいっさい持たないのがホンネでしょうからね。でも相手も、これを知っているんです。

加瀬　最近では中国が四つの近代化の計画を現実的なものに縮小しましたが、われわれはおそらく、中国にうまくしてやられたのではないかと思うのです。誇大宣伝をしてそのうえで日中条約を結んで、アメリカもひっかけて米中正常化をやったのではなかったのか。そしてうまくいくと、中国は急に縮小してしまった。それに日本やアメリカなどの民主主義社会に似ているような幻想をつくりだすために壁新聞なんかも盛んに書かせたんでしょうね。米中正常化が終わると、弾圧する。当時〝中国フィーバー〟なんていう言葉がありましたが。こんどは石油フィーバーですか。

山本　石油フィーバーですね。このフィーバーはいちばん危険なんで、フィーバーで幻想を抱くと、また失敗をやるわけです。イスラエルに行きますと、日本はもっとアラブに威張っていいんじゃないかと言われるわけです。三井、三菱のように本気にプロジェクトを進めているのは日本だけで、それでいて、なんであんなにおとなしいのかと言うわけです。

ところが日本はひたすら低姿勢。ここの民族を相手に交渉した経験がないからです。日本の場合、日本人同士ですと相手の立場に立つというわけで、これが伝統的文化でもあり、単一文化のなかでは、このスタイルがいちばん話がスムーズに進むわけです。これは日本社会にいるかぎり悪くないですが、中東に行って相手の立場に立つというのは不可能です。あそこにはあそこのルールがあるということですね。

ベギンとサダトとの延々たる交渉、二人で値切りあってはそのたびに「おれはこれだけ譲歩するから、アメリカもいくらか出せ」という形で第三者からむしってくるのが中東なんです。ですから中東の二名優があれだけ演じてくれたんだから、本当にこれを見なくてはいけない。中東ではああいう交渉をしなくてはいけないんです。

自分のほうが一歩でも退《ひ》いたとしたら、その退いた代償を、関係ないアメリカからでも取ってくる。これなんです。サダトのほうも同じで「アメリカ、おれ退いたんだからアメリカがもう少し出せ」という形でしょう。

加瀬　しかし、アメリカはあれだけ影響力を中東で持ちうる。ソ連はいくら頑張ってもあれだけの力は持ちえないです。なぜかというと、アメリカはイスラエルと親しくて口がきけるからです。これがアメリカが中東を動かそうというときに、テコになるわけですね。

イスラエルは、中東のひとつの中核ですね。だからそこに対して影響力をまったく持っていないのでは、力を持ちえない。

それからアラブ・ボイコットを真面目に信じてきて、イスラエルと付き合うのに、アラブの顔色を見ているのは日本だけですね。エルサレムにもカイロにもヒルトンホテルがあって、私は両方に泊まったことがありますけれども、このようにアメリカ、ヨーロッパは、イスラエルともアラブとも、両方と付き合っています。飛行機だって日航は遠慮して、イスラエルに飛ばないわけですけれども。

山本　トランス・ワールドでもエール・フランスでもみんな飛んでいます。いちばん小さいところでは、ギリシャのオリンピア航空も飛んでいますよ。飛んでいないのは、日本だけです。

加瀬　日本はアラブでもなんでも強い者の顔色をうかがう。台湾問題でも似ているんですね。しかし、そうするとかえって日本の影響力がなくなると思います。世界のなかで大勢力といえばアメリカ、ソ連、ＥＣ〔現ＥＵ〕諸国、フランス、ドイツ、イギリスといったところでしょうけれども、日本だけが影響力を持ってないんですね。これは、われわれが現実の力の政治というものを理解していないし、しようともしないところからくるわけですね。

百欲しいときに二百を要求する国際社会

山本　中東のような社会に入ったら、日本の新聞のような発想をしてはいけないですね。ベギン、サダトの延々たる交渉で私がいちばんおもしろかったのは、その間における日本の新聞の論説です。おかしなことにベギンもサダトも、ちっともいらいらしていないんです。当たり前のことなんですから。ところが日本の新聞の論説のほうが、いらついているんです。早くまとまらないか、双方互譲の精神を持ってなんて言ってるんです。そんなことがあの社会に通用するはずがないんです。こういう発想であの社会へ行ったら、どうにもならないです。

だからそのことをはっきり理解することは本当に必要なことで、力の政治、中東はまさに力の社会です。一歩下がれば相手は一歩出てくるんです。

加瀬　アメリカにも、そういうところがありますね、日米の交渉など見てますとね。自分が百取りたいときは、二百か三百ぐらい吹っかけてくる。

山本　ええ、これはもう当たり前なんです。

加瀬　日本は逆に百欲しいときは、相手の顔色をうかがいながら……。

山本　八十ぐらいでぼつぼつ出して歩み寄ろうということになるでしょう。これはもうベギンとサダトの会談であれ、エルサレムのアラブ人街で買物をするんであれ、同じことで、原則は総理大臣も民間の商人がやっていることと違わないわけです。これはどの国でも同じでしょう。「角さん」なる人物と町の不動産屋がやっていることは変わらないわけで、それと同じで、なるほど中東は上から下までこういうものかと思います。両方とも徹底的に値切り合っている世界で八〇パーセントの要求しかしないのは、どうかしているんで、一五〇パーセントから二〇〇パーセント要求していいわけです。向こうもそれだけ要求しますから。

加瀬　ええ、日本の発想は、国際交渉につねに現われますが、いつもいちばんはじめの出会いが仲のいいピークであって、それからだんだん悪くなっていく。だから、たとえば中国なんかへ友好使節団などが行って、熱烈歓迎を受けるとそこですべてうまくいったと思うけど、そこからあとをあまり問題にしない。

向こうは逆ですね。ピークにいくまでに長い時間をかける。イスラエルで平和条約が結ばれてから届いた新聞を読んでいましたら、非常に感心したことがあります。社説にこう書いてあるんです。「平和条約は結婚式である」と。「しかし結婚生活ではない」というふうに。

山本　それはそうです。こういう社会の原則を把握しないといけないですね。この社会では結婚も契約ですが、契約を結んだときには、契約を将来どう破棄するかまで条文に入れるのが当たり前の社会です。結婚契約書のなかに離婚条項を入れても少しも不思議でない社会ですから、こういう社会と付き合うにはどうするかということになるわけです。

その第一歩としていちばん問題だと思うのは、日本人がなにかに対してすぐ感情移入をして、相手と自分とが同質だと誤認をして、相互理解に達したという錯覚を持つことです。これは日本人の書くルポとイギリス人の踏査記録を比べてみるとよくわかるんです。イギリス人は事実を事実として書いているだけであって、それに対する自分の感情的表白は、ないんです。日本人は、相手との感情的交流にもとづく自己の心情の表白が先に出てくる。

ですからベトナム、ベトナムと言ったって、ベトナムの社会構造も精神構造も知らない。いったいベトナム人は子供をどう教育しているのかも知らないわけです。近藤紘一さんが大宅《おおや》賞をもらいましたけど〔一九七九年、『サイゴンから来た妻と娘』で第十回大宅壮一《そういち》ノンフィクション賞を受賞〕、あれを読んで、われわれは、はじめて驚くわけです。

そうした社会のいちばんの基本を、そのまま冷静に記していくことをしない。これを報道すると親近感をなくすんじゃないかと、だれが規制しなくても自己規制してしまう、これがあるわけです。自分と非常に親しいという幻想を持って、その幻想と仲よくしているわけです。

いまだに言霊《ことだま》が幅をきかせる日本

加瀬　どうも日本人は事実を尊びませんね。だから事実の積み重ねであるプロセスを重んずることもなくて、情緒的にプロセスを逆転してしまって、いちばんはじめがピークとなる。たとえば言葉の機能が違うんじゃないかと思うんです。一方的に自分の願望を事実に当てはめて、喜んでいるところがあると思うんです。

新約のなかの有名な言葉に、「初めに言葉あり、言葉は神とともにあった」というのがありますね。日本語の場合はそうでなくて、新古今集に出てくる〝言霊《ことだま》の幸《さきわ》ふ国〟で、言葉になにか呪術的、神秘的な力が働いていて、自分がその言葉を発することによってそのような状況が事実となって現われるという錯覚がある。だから日本の首相が行って、アラブの王様と握手をしてきたら、それですべてうまくいくとか、きわめて安易なところがありますね。

山本　これは問題もあるんですけど、言葉は、ギリシャ語でロゴスですが、ヘブライ語だと「ダーバール」です。「ダーバール」は同時に「事柄」の意味で、彼らの社会では「事柄」が「言葉」なんです。

加瀬　要するにイコールで結ばれているわけですね。

山本　ええ、イコールで結んである。

加瀬　つまり旧約時代には言霊的なことがあったけれど、その後はなくなるんですね。

山本　そうです。前に申しました旧約聖書の申命記《しんめいき》ですが、これは原語では「デバリーム」で「ダーバール」の複数です。「こう言えばこうなる」という形で、言葉に一つの願望を託すというのは、原始民族にあるんです。旧約聖書でも、非常に古い層にこれが出てくるんです。紀元前七世紀ぐらいですと、たとえばアモスという預言者が、王様を批判するわけです。するとたちまち御注進するやつがいて、アモスが反乱を起こしましたと言うんです。これ、いま聞くと讒言《ざんげん》に聞こえますが、そうではなくて、預言者という呪術的な存在がそう発言すればそうなるという発想があるわけです。そこで当時の常識では、この言葉が反乱そのものになるわけです。こういうことは、紀元前六世紀ぐらいまではあったのです。

ただ日本は、いまでもこれがあります。戦争中に「敗戦主義者」という言葉があったでしょう。日本は負けるかもしれないと言うと、そういうことを言うやつがいるから負けるんだとなる。日本ではこれが通るんですよ。たいへんに困ることです。

「言う」は「実現する」という発想は、歴史的には今見てきましたように、古い時代のものですが、精神分析の人に言わせますと、幼児に見られる現象だそうです。子供は、自分が言ったらそうなるという形で、願望と事実の区別がつかない。幼児はとくにそうだそうです。

加瀬 そうでしょうね。「平和憲法」とか「平和日本」とか、「安保反対」なんて叫んでぶらつくと、世界中が平和になって日本は大丈夫だみたいな気分になりますからね。

山本 では、日本人は、子供なのか、幼児なのか、ということになってしまいますが。

加瀬 というのは、日本語のなかで、願望と事実の混同が起こってしまっているわけですが、自分を持ちにくい言葉なんですね。

山本 そうです。

加瀬 たとえばあるときは「私」と言ったり「小生」と言ったり、相手によって自分の価値が極端に左右される。相手が目下だったらこっちは威張り、相手が偉かったらこっちは卑屈になるという、自由自在に自分を変えるから、しっかりとした自分というものがない。国際関係でも同じことがいえる。だから、自分より弱いと思ったところに対しては強く出る。

山本　「おれさま」と言う。

加瀬　こんど石油が出たとなると……。

山本　「小生は」と言う。

加瀬　だから、そのあたりからも、相手に尊敬されないところがありますでしょう。

山本　ありますす。これは、ちょっと長いこと外国にいた人が日本に帰ってくると、日本語はわかってるけど、口がきけないというのがあるんですよ。その集団における自己の地位がわからないあいだは、口がきけないのです。「私」と言っていいか、「小生」と言っていいか、わからなくなる社会です。

ですから日本語に「I」はないんです。普通に話している場合も、二人称しかない国ということになるわけですが、相手の立場に立つというのは、自分が言っていることは、相手の言い分だということです。それから相手も同じで、私の言い分を相手が言ってくれる、ということでしょう。お互いに相手の立場に立って話をしようというのは、自分の立場は言わないということです。そのかわり相手も自分の立場を言わずに、相手が私の立場を言って、私が相手の立場を言うという形で話ができる社会でしょう。

加瀬　お互いに腹話術をやる。

山本　そうです。ですからお互いに二人称でしかないんです。一人称でものを言ってはいけない。「私はこう言う」と言ってはいけないんで、「あなたはこう言う」と、お互いに言い合うわけです。これは世界どこへ行っても通用しないんです。ところが、日本人はみんなこれをやるんです。

加瀬　私はあるとき、ホテルに泊まっているときに、最近は聖書が置いてありますね、暇なときに聖書をめくっていて、キリストの有名な言葉ですけど、「私が来たのは、あなた方が命を得、そして豊かに持つためです」というのがあるんです。日本語で読むとまったく感じがないんで、帰ってから英語の聖書を見たんです。そうしたら、まったく違うんです。

山本　違いますね。

加瀬　たとえば私がライターを持っていますと、日本語で「ライター持ってますよ」と言う。「お金を持ってます」とか「鉛筆を持ってます」とか言っても、あれは本当にこの私が持っているという感じがないんですね、共有物を一時預かっているような感じで。

山本　なるほど。

加瀬　自分という意識が稀薄ですね。だから日本は、イスラムの人から見たら気持悪いと思いますね。自分の立場がまったくなくて、節操がなくて、そのくせ計算があって、なにか小ずるいみたいなところがありますでしょう。

山本　そうですね、日本は逆ですからね。あいつは我が強いなんて言われますと、社会全体から無視されますから、無視されないように無私になるんでしょう。こう見ると、中東は日本とちょうど逆です。逆ですから、そこと、どう付き合うかというのは、本当に考えなくてはならぬ問題です。

外交手段としての武器輸出は、どこまで有効か

加瀬　まあ、石油が出るからといって、泥縄式に突然飛んで行って、そんなに早く親しくなろうということ自体が無理で、私がそういう相談を受けたら、とにかく二十年、三十年は無理です、と言いますね。しかし、その前に石油がなくなっちゃうんじゃないかと言いますがね（笑）。

山本　そうですね。やっとわかってくるころには、もう石油がなくなっていた。そうなるかもしれないですね。

加瀬　親しくなるといっても、一世代ぐらいでそんなに親しくなれるもんじゃないでしょう。いままで無視していた人たちを相手に、これからなんとかうまくやりましょうということ自体が無理だと思いますよ。

山本　無理でしょうね。無理な話だ。

加瀬　一つ、解決策があるとすれば、あそこの力の政治のなかに積極的に入っていって、日本がある役割を果たすことですね。

山本　それはあるでしょう。

加瀬　そのためには、兵器の輸出を禁ずるというような、馬鹿げたことをやめる必要がある。

山本　それが、おかしいけど、実際はやってるんです。たとえば、特殊鋼ですが、これは素材ですからいろんな国に輸出され再輸出もされているわけで、これを止めることは不可能です。それが何に使われるか。民需か、軍需か、兵器か、砲身か、銃身か、これは不明ですが、特殊鋼さえ輸入すれば、たいていの国は兵器をつくれるんです。小銃などは中東は家内工業でつくってますから。ですから、なにも日本から野砲を輸入する必要はないんで、この鋼だけで充分なわけです。

加瀬　原材料さえ輸入すればいいと。

山本　ええ、原材料があれば充分です。

加瀬　韓国は、最近戦車の国産化に成功しましたけど。

山本　それが、日本からの直接輸入かアメリカ経由か、それはわかりませんね。また輸入した原材料が自動車の材料になるのか、戦車の材料になるのかもわかりませんね。いわば日本のタテマエとホンネです。

ともかくも兵器の場合はいちばん問題になるのは素材なんです。これは、私が砲兵で司《し》馬遼《ばりょう》太郎《たろう》さんは戦車兵で、二人で話をすると、いつも恨みつらみになるんですけど、戦前の日本の戦車でも砲でも、カッコはついているんですが、鋼がぜんぜんだめでしてね……。

加瀬　アメリカの軍人が書いた本で、フィリピンの日本の戦車についての記述を読んだことがありましてね。それによると日本の戦車は、ちょうど西部劇の映画で、空きかんを並べて撃つようなものであったと書いてありましたね。

山本　それを、当の戦車兵が知ってるから可哀想なんですよ。
加瀬　ダンボールの戦車みたいなもんですね。
山本　いや、もっとひどいというんです。つまり、障子紙だったら破って自分が出られるんですが、あれですと、自分のほうは密室から逃げ出せないで、相手は貫通してきますから、本当に処刑されることになってしまうんです。
この点では砲兵も同じですが歩兵も同じです。これは安岡《やすおか》章太郎《しょうたろう》さんの話ですけど、「おれは機関銃に恨みがある」と。十一年式軽機関銃ですけど、本当にちゃんと機関銃としての機能を発揮したことがないぐらいひどいもんだったと言うんです。つまりモリブデン鋼がなかったということです。恰好はすぐつくんです。戦車でもなんでもそうなんです。ただ、生命は素材で、これができないと致命的です。モリブデン鋼というのは絶対熱を持たない、すぐ熱が冷えるようにできている鋼なんだそうで、これがあるから、機関銃という精密な機材が熱膨脹しない。これがないと膨脹しますから、機関銃がすぐ作動しなくなるんです。日本はその鋼ができなかったわけで、こうした現象があらゆる面にあった。
ですから形を真似するというのは、どんな後進国でも無理ではないわけで、要は素材が欲しいわけです。日本はこれをつくって輸出しているわけです。タテマエとしては、兵器輸出はいたしませんと言っているわけですが、これははなはだおかしいんです。
　次に、その「近代兵器」という概念ですけど、トラックもジープも、いまは兵器です。だから民需と軍需は分けられないんです。近代戦は機動力と補給が生命で、前線が鉄砲を持っていたって、大型トラックとジープがないかぎりは機能しないわけです。昔の三八式歩兵銃の時代というのは、つまり百八十発を各人が携行して……。

加瀬　山に狩りに行くようなもんですね。

山本　そうでしたけど、いまはその百八十発は、一分で終わりでしょう。これの補給は、ものすごいことになるわけですね。ですからジープも大型トラックも、悪くいえばジャンボも、全部兵器です。日本はこれらは平気で、ジープなんかどんどん輸出している。だから本当は武器輸出をやってるんです。素材でもやってるし、機動力でも補給機能でもやっています。電算機だって兵器になります。

加瀬　しかし彼らが本当に欲しがるのは、やはりわれわれのつくっている三菱の戦車ですとか、それから護衛艦や高速艇だとか、そういったもんでしょうね。だからそういったものを、輸出すべきものだと思いますけどね。七月に江崎〔真澄〕通産相がクウェートに行ったときに、クウェート側から原油をあげるかわりに日本から兵器が欲しいと言われたそうです。園田〔直〕外相によれば中国からも、ASEANからも兵器を輸出してほしいと盛んに言われている。園田さんは「今後考えるべき問題である」と言っています。

なぜイスラエルが、日本の戦車を欲しがるのか

山本　兵器輸出についてはよく言われますけど、兵器は体系的にできていますから、何個師団分かがセットでないと機能しないわけです。中東はもうだいたい、どこかの国の兵器体系のなかに入っているでしょう。今から日本が割って入れるかどうか、これは相当むずかしい問題ではないでしょうか。たしかに個々の兵器には、日本に優秀なものがあるようです。ここが日本のおかしさでしょう。日本の戦車の話を、私はイスラエルではじめて聞いたんです。あれをサウジに輸出されたらたいへんだとイスラエルが言うわけです。これは、キャタピラがオートメーションで、どんな位置でも車体は水平になるようになってるんだそうです。

加瀬　七四式は、サーカスの犬みたいに、右や左にかしいでみたり、前を向いてお辞儀したり、ずいぶん多芸でね。凸凹になっているところを走っても、砲塔はちゃんと水平に

保たれている。

山本　水平になるんです。ですから斜面を横に走っているときでも、そのまま射撃ができるわけですね。これは世界最高の技術なんで、イスラエルこそあの戦車を欲しいというわけです。だから、そんなもの日本にあるんですか、とこっちが言ったわけです。こういうものは、みんな欲しいんで、たしかに外交交渉の武器になりうるわけです。しかし、それは個々でなく、総合的な兵器体系の、一種のプラント輸出のようなもので、まずそれがあって、次に個々の兵器の補給輸出となるわけですから、結局、先方が求めるのは、すでに輸入したものの一部を国産化するための素材になっているんでしょうね。

加瀬　その武器を売ったら、その武器で手向かってくるということは、まずないんですがね。

山本　ないです。

加瀬　部品だって、その国ではつくれない。結果として、こちら側に組み入れることができる。中国だってどこだって、日本と戦っていて部品が入らなくなったら、戦争できないわけですから、輸出してもけっして日本の損にはならない。

山本　そのとおりです。部品が補充できないかぎり、兵器は使いものになりません。兵器は部品の消耗がものすごく激しい。

加瀬　商社がいちばん儲けるのは部品だというんですからね。

山本　そうなんですよ。フィリピンなんかでもそうでしたが、日本から一個師団が来ても、部品の補給ができないから、結局全部スクラップになってしまう。それではしようがないから、部品を抜いて四門の砲を二門にするということになる。これが大問題なんです。

とくに戦闘をやると、もうすごい消耗ですから、部品の補給がない軍隊は、これ成り立たないんです。

加瀬　かりに中東で、イスラエル、アラブの対立がなくなったとしても、今度はアラブ内の対立が激しくなりますから、やはり彼らにとって武器の必要性というのは大きいですね。

山本　大きいでしょうね。

加瀬　だからアメリカやフランスみたいに、全部に売っちゃえばいいわけです。

山本　できれば、ですか。平等に。

加瀬　ええ、平等にやればよい。

山本　しかし、そのバランスを読み違えないほど正確に中東を知っているでしょうか。それがわからないかぎり、平等の算出はむずかしいでしょう。やはり、企業がいちばんよく自己を知っているのかもしれません。そこで自己を拘束することと、それにもとづく素材輸出でしょう。売らないか、売るか、これは二つに一つの問題ですけど、売れば外交的力になりうるけれど、それを見きわめる外交能力があるかないか、とくに中東外交の能力がどうか。売るかもしれないというゼスチュアぐらいはしてもいいかもしれませんね。これはむしろ自己の能力を試す意味で。

加瀬　そういうことをやらないかぎりは、中東とわれわれのあいだというのは、もう本当にむしられる一方になりますでしょう。

山本　一方的にそうなりますね。三井も三菱も、むしられたって、私は不思議に思いません。ソビエトまでむしった人たちですから。日本にとっても、それが当たり前のことです。それを不思議に思わないのなら、そのほうが不思議です。

日本の経済援助が、現地の役に立たない理由

山本　武器輸出という方法も考えられるでしょうが、日本が中東に影響力を発揮する方

法として、もう一つ、経済協力があるわけです。日本のアラブへの経済協力は、実はイスラエルは歓迎しているんです。

先日外務省のベン・ヨハナン・アジア局長、これ詰まるところはアラブ局長ですが、この人に日本のアラブへの経済援助をどう思うかと言ったら、どんどんやってほしい、生活水準が上がると意識が変わるから、と。人間は失うものがないときにいちばん無謀なことをやるけれど、少しでもなにか持てば、失うまいとして慎重になるだろう、これは大いにやってほしいと言ってました。

加瀬　だいたいイデオロギー過剰だというのは、言い替えれば失うものを持っていないからです。理想を強調するのは、現実とのギャップの大きさを示すものですからね。民生が向上するにしたがって、だんだん声が低くなってくるというものです。

山本　低くなります。

加瀬　アラブが大言壮語するというのは、彼らがもともときわめてリリカルというか、叙情的であるのに加えて、国民生活があまりにも貧しいからでしょうね。

山本　そうです。それはあります。と同時に、あの社会は全部、貧富の格差が大きすぎるということです。ヨルダンでもそうです。貧富の差はすごいですから。

加瀬　サウジに工場なんかつくってみても、あまり役に立たないと思いますけどね。

山本　立たないと思います。

加瀬　まあ、あのへんは農業はむずかしいでしょうけど、もっと違った地道な援助をすべきだと思いますけどね。

山本　ただ、これもおかしいんですけど、沿岸首長国が全部飛行場を持ってるんです。それがみんな世界一級の飛行場なんですが、飛び立つと十分で隣りの飛行場に着いてしまう。これがずらりと並んでいるわけです。これはステータス・シンボルで、経済的に役に立たないわけです。隣りがこれだけつくったんだからおれもつくらにゃいけない。これがあるんです。

これはユダヤ人がつくった一口話ですけど、昔イエメンの王子がアメリカへ行って、戦闘機に乗せてもらった。これはいい。一機売ってくれといったら一機売ってくれた。だが飛行場がない。どうやって飛ばすんだ。飛行場をつくるから飛行場をお買いなさいというわけで、飛行場をつくらせた。それでも飛ばない。電子機器がなきゃだめだというわけで、それをまた一セット売りつけた。そうすると飛行機一機のために、飛行場と全部の設備が要るわけです。

そんな冗談になったのは、この前、NHKの吉田〔直哉〕ディレクターと大使館のマトナイ氏と話しているときでした。吉田さんは中国に行かれて、中国ではビデオカメラが欲しいという。吉田さんはたいへん真面目な方なんで、「こういうものをすぐ買っても、実際には背後にこれだけの設備が必要で、それがなければ、使えないからおやめなさい」と言った。それを聞いてマトナイ氏が冗談に、「あなたはセールスマンになれない。一台売ってくればいい。使えなきゃ、それにはこれが要る、これが要る、これが要ると、順々に売ればいいじゃないか」と。

このときにその飛行場の話が出たんです。いわばステータス・シンボルで、実際に活用してないんです。

製鉄所にしても、鉄鋼の国内需要がそれだけあるわけではなく、重工業が自国にあるという、それだけのことでつくるのです。飛行場もある、というのと同じでしょう。おそらく将来は化学工業もある、なんでもある、となるでしょう。それが本当に現地の経済的要請から出ているものかというと、大いに疑問です。

加瀬　たしかに今はどの国も、独立するとまず国旗を決め、その次はナショナル・エアラインを持ち、それから製鉄所をつくる。たいへんな流行ですね。

山本　ともかく製鉄所です。なぜあれほど製鉄所をつくりたがるのか不思議ですけど、ですから本当に協力するのなら、おかしいことはおかしいと言い、現地の状態を徹底的に調べて、ここからはじめるべきだと言うべきでしょう。最新式の製鉄があっても、その国民に対しては機能していないんじゃないですか。いま、だいたい中東はそういう状態です。

ですから日本がどう対処するべきかというのはたいへんな問題で「ターン・キイ」でドルをもらって、帰ってくるということに徹するか、本気でなんかやるんなら本気でやるか。中途半端だったら全部意味がなくなりますよね。

加瀬　やはりその繰り返しになりますけど、あそこの力の政治に入っていかないかぎりは、私は意味ないと思いますね。

山本　だが、それはできない、と私は思います。というのは、まず知らないということです。それをやるつもりならば、まず社会構造を徹底的に調べ、アメリカが、レバノン人のヒッティをプリンストン大学の教授にしてアラブ学者を養成したように、日本の大学がアラブ人のアラブ学者を雇って、それに講座を持たせて、日本人のアラブ学者を教育させることからはじめないかぎり、無理です。しかし、それをやるにはベイルート・アメリカン大学なみのものを建てなければならない。この大学はもうぼつぼつ百年でしょうね。

加瀬　日本流の泥縄的発想じゃあいけませんね。

山本　それは無理です。フランスのサン・ジョセフ大学はもう百二十何年で、だいたい一世紀以上前から彼らはやっているわけです。だからそれによってはじめてある程度対応ができるわけであって、そういう人が、日本人のなかにいないわけです。だから本気でやるなら、本気でアラブに協力するのなら、まずジェッダ日本大学をつくるとかしなければ無意味です。

本当の意味で他国の文化を知ろうとしない日本人

山本　日本でも、たしかに現地を知る努力はしています。ただこれはいろんな話があって、ある会社でアラビア語を覚えにゃならんとカイロに三十人留学生を送った。ところが三十人が一人もアラビア語を覚えないで帰ってきた。なぜかというと、三十人がみんな日本語で話し合うでしょう。だから……。

加瀬　それはよくわかりますよ。よく言われるじゃないですか、ハワイなんかへ行くと、日本人の留学生が広島弁と山口弁を覚えて帰ってくると。

山本　そうですよ、そうなるんです。本当に日本人のいないところへ一人で突き放さないかぎり、本当に覚えないです。しかしそれができるには、本当にその国の文化に関心がなければ無理です。苦役でなく、それが楽しくて、生きがいと感じるようでないと。

加瀬　もう一つは、日本人は、海外に留学して帰ってきた者を大切にしないですね。

山本　しません。

加瀬　これは日本のたいへん大きな欠点だと思いますけれど。一度企業に入ったうえで向こうの学校に行けば、もう企業のエスカレーターに乗っていますからいいんですけれど、留学帰りの人が企業に入ろうとしても受け入れません。アメリカだったら、海外の大学出だったら歓迎される。海外の大学に行ったなんていうのは、たいへんな経験ですからね。

山本　たいへんな経験ですね。これはどこの大学でも、たとえばヘブル大学でこれこれをやったといえば、外国人はどこへ行っても通用するんです。プリンストンでも、オックスフォードでも、もちろんです。日本は、日本の大学が外国に通用しないと同時に、海外のそれは日本に通用させないということがあるでしょう。

加瀬　蛸《たこ》ツボ的な日本の発想を変えないかぎりはだめですね。

山本　外国と対応するかというのは、今後とも日本には中東だけじゃなくて、いろいろ問題が出てくるわけですから、中東でちょっと痛い目に遭ってもいいじゃないかという気もあるんです。

加瀬　私もそう思うんです。一つの例として、最近は、イランのあとで、サウジもおかしくなるかもしれないということで、これから南米の時代になったというブームがあるんですね。とくにメキシコでは、イランなみに石油が出るんじゃないかといわれている。八〇年代には革命前のイランなみに日産五百万バーレルはいくといいますね。

山本　そうらしいですね。

加瀬　そこで突然メキシコに殺到するわけです。このあいだメキシコの大統領が来たときには、まだそのブームの前だったもんで、あまり大切にしなかったわけです。メキシコの人とこのあいだ話したら、憤慨してるんですよ。よほど日本は冷遇したようですね。

山本　アラブでもそれがあるわけです。だいぶ前に、サウジのファイサル国王が来たときにだれも会おうとしなかったと。いまでは全員殺到ですね。ああいう点も、子供みたいです。そのへんはおかしいんで、いつも中東がなけりゃメキシコがあるさ、なんです。これは以前もあったことで、アメリカがなけりゃ中国があるさ、という幻想があったわけです。こんど中東がメキシコ、メキシコが南米とこうなってるわけです。だが、そのたびに、その国、その文化を本当に理解しようという努力はしないんです。奇妙なくらいしてないんです。

エプスタイン教授に言われましたけど、日本人は、本当に海外文化、すなわち自国文化以外のものに、なんの興味も持たない民族だ、と。彼は雅楽の専門家ですから。

加瀬　だから「日本と世界」というときの世界というのは、日本が組み込まれている世界ではなくて、日本の外にあって対立する世界であって、われわれが利用していい世界でしょう。

山本　ええ、けっしてその文化に本当の関心を持って、あれは何だろうかと調べるとか、興味を持つとか、情熱を持つということがないんです。ベトナムでも、中東でも、イランでも……。

加瀬　やっぱり神道の神は氏神様であって、村から、そして列島から出られない。あまねく世界を照らすような神を持っていないから、そのへんから問題があるんでしょうね。

第六章 イスラム原理主義の台頭と、その行方

——なぜ今になって、流れが変わったのか

加瀬 英明

テロの原因は、イラク戦争ではなかった

いま、イスラム原理主義過激派によるテロが、世界を恐怖に陥れている。

二〇一五年一月から二月にかけて、前年に「イスラム国」によって捕われていた、人質の湯川遥菜《ゆかわはるな》さんと後藤健二《ごとうけんじ》さんが殺害されて、日本を震駭《しんがい》させた。

今世紀に入ってから、二〇〇一年九月十一日にイスラム国際テロ組織アル・カイーダが、ニューヨークの世界貿易センタービルと、ワシントンの国防省《ペンタゴン》に、同時多発テロ攻撃を加えた後に、イスラムによるテロによって、インドネシアのバリ島とジャカルタ、マドリッド、サウジアラビアのリアド、トルコのイスタンブール、ロンドン、ヨルダンのアンマン、エジプト、カナダのオタワ、シドニー、北アフリカのチュニジア、サハラ砂漠以南のアフリカのマリ、ナイジェリア、ケニアの各地などが、つぎつぎと休みなく襲われてきた。

一九九七年には、エジプト中部のルクソール神殿がある観光地ルクソールで、一〇人の日本人を含む六〇人の外国人客が殺害されたが、これもやはり、原理主義過激派によるものだった。

二〇〇七年に、アルジェリアのメイナスにある、天然ガス精製プラントが原理過激主義

派のテロリストによって襲われて、十人の日本人が痛ましい犠牲になったのは、まだ記憶に新しい。

イスラム原理主義は、イスラム教が七世紀に生まれたころの、厳《きび》しい教えに戻ることを求めているが、このようにイスラム圏において大きな力を振うようになったのは、一九七〇年代以後のことである。

一九七九年二月に、イランにおいてパーレビ皇帝による帝制が、ホメイニ革命によって倒されたが、これはイスラム原理主義革命によった。パーレビ皇帝のイランは世俗的な国であって、豊かな石油収入を用いて、近代化を精力的に進めつつあった。

その年十一月に、サウジアラビアのイスラム教徒の最大の聖地であるメッカのなかで、全世界のイスラム教徒にとってもっとも神聖なカーバ神殿が、原理主義者の武装集団によって占拠されるという、衝撃的な事件が起こった。

一九八一年には、エジプト軍の観閲式の真っ只中に、原理主義を信奉する将校たちが行進しながら、観閲台へ向かって自動小銃を掃射し、サダト大統領が暗殺された。

イスラム教原理主義だけではない。読者は意外と思われようが、近代以降、イスラム教がイスラム圏において、これほどまでに大きな力を持つようになったのは、やはり一九七

○年代に入ってからのことだ。

それまでは、エジプトをはじめとして、多くのイスラム諸国が近代化か、西洋化、あるいは世俗化の高波によって洗われていた。一九六七年に、エジプトを中心としたアラブ連合軍が六日間戦争で、小国イスラエルに惨敗したために、イスラム諸国民に近代化に対する幻滅をもたらし、屈辱感がイスラム教の復興を促《うなが》したともいわれる。だが、これがもっとも大きな理由ではない。

いったい、イスラム世界において、どのような事態が進んでいるのだろうか。

日本では宗教戦争が、今日まで一度も起こらなかった。そこで、日本人は宗教の恐ろしさを、実感できない。

「宗教」という奇妙な言葉も、江戸時代が終わって明治に入って作られるまで、存在しなかった。

日本では、あらゆる宗派が平和裡《り》に共存していたので、「宗門」「宗旨」「宗派」という言葉しかなかった。宗教という言葉は、明治の開国にともなって、他宗を認めようとしない一神教のキリスト教が入ってきてから、作られた、明治翻訳語である。

そのうえ、これまで日本国民は、イスラム教に馴染《なじ》む機会がなかった。

〈略年表〉—— 中東の歴史（その3）

西暦	おもな出来事
1977	エジプトのサダト大統領がイスラエルを訪問
1978	アフガニスタンで軍事クーデターが起こり、親ソ政権樹立
	9月、カーター米大統領、サダト・エジプト大統領、
	ベギン・イスラエル首相の三者が、キャンプ・デービッドで会談
1979	1月、イランで革命。国王亡命、ホメイニ帰国
	3月、エジプト・イスラエル平和条約調印（翌年、国交回復）
	12月、ソ連軍がアフガニスタン侵攻
1980	イラン・イラク戦争勃発
1981	エジプトのサダト大統領暗殺
1988	ヨルダンがヨルダン川西岸の行政権を放棄
	イラン・イラク戦争停戦
1990	イラクがクウェートを侵略し、併合を宣言
1991	湾岸戦争起こる。イラク敗北しクウェート解放
1993	イスラエル・ＰＬＯ相互承認。パレスチナ暫定自治協定調印
1995	イスラエルのラビン首相暗殺
1996	イスラエルでハマスの爆弾テロ続発
2001	9月11日、米でイスラム原理主義による同時多発テロ
2003	アメリカがイラクを攻撃。フセイン大統領追放
2004	イラクで暫定政権が発足し、アラウィ氏が首相に就任
	PLOのアラファト議長死去
2005	ガザからイスラエル国防軍が完全撤収。ガザの占領が終了
2006	イラクのフセイン大統領が死刑に
2010	チュニジアで反政府運動。翌年ベンアリ政権崩壊。
	以後、長期政権に対する反政府運動がアラブ各国に波及（アラブの春）
2011	エジプト、リビア、イエメンなどで政権が崩壊
2011	オサマ・ビン・ラディンがアメリカ軍により殺害
2012	シリアで内戦泥沼化
2014	シリアとイラクで活動する元アルカイーダ系組織が、イスラム国家と
	しての「イスラム国」の樹立を宣言
2015	イスラム国、日本人人質2人を殺害

そのために、イスラム世界について理解するのが、難しい。日本にもっとも近いイスラム圏といえば、フィリピンのミンダナオ島と、タイ南部の州である。キリスト教が安土桃山時代から日本と係《かかわ》るようになったのに対して、イスラム教については、そのようなことがなかった。

そもそもイスラム教の出自をたどると、ユダヤ教の分派としてキリスト教が生まれ、イスラム教がまたユダヤ・キリスト教を母胎《ぼたい》として生まれた。いわばユダヤ教を親として、キリスト教が兄であり、イスラム教が弟の関係に当たる。

仏教と並んで、世界の四大宗教のなかの三つの宗教の一つであるから、時間の尺度が長い。

ユダヤ教は、三千年以上の歴史がある。キリスト教はおよそ二千年前に生まれ、イスラム教がその六百年あまり後に、産声《うぶごえ》をあげた。この三つの宗教は、同じ神を礼拝している。

キリスト教も、つい昨日まで、ユダヤ教に憎悪を向けて迫害してきたが、兄弟の関係にあるイスラム教とキリスト教も歴史を通じて、大相撲の花田《はなだ》兄弟か、西武グループの創始者の二人の子の兄弟と同じように、仲が悪い。

イスラム教の成立と、キリスト教との違い

ここで、本書の序章でも述べていることだが、イスラム教についての基本的な知識を再確認しておきたい。

西暦六一〇年、アラビア半島のビジネスマンであったマホメット・イブン・アブダーラがメッカの近くのヒラ山の洞窟に籠《こ》もり、瞑想していた時に天からお告げがあった。全能の神であるアラーが、四十歳になるアブダーラを預言者として選んだのだった。この瞬間に、イスラム教が誕生した。

アブダーラはイスラム教の教祖となり、マホメットとして知られるようになった。マホメットはその二年後から、説法を始めた。マホメットが神から授《さず》かった言葉が、イスラム教の教典である『コーラン』となった。

「イスラム」は、「神への完全な屈服」を意味している。ユダヤ教もキリスト教もイスラム教も、自宗だけが唯一の正しい宗教として、他宗を排斥してきた歴史を持つ。

イスラム教徒は、そのときに何をしていようが、それを中断して、一日に五回、メッカの方角に向けて、額《ひたい》を床下にすりつけて、拝礼することを義務づけられているが、それは「神への完全な屈服」を思い出させるためだといわれる。

だが同じ兄弟なのに、キリスト教とイスラム教は生い立ちが違っていた。キリスト教が生まれると、多神教を信仰していた当時のローマ帝国は、キリスト教を邪教として、三〇〇年以上にわたって過酷な弾圧を加えつづけた。キリスト教徒は生きながらローマの闘技場《コロシアム》で、ライオンなどの猛獣の餌《えさ》として与えられることもあった。キリスト教は、〝弱者の宗教〟であった。

それに対して、イスラム教は誕生してから、世界の広大な領域を剣と『コーラン』によって、つぎつぎと征服した。〝勝者の宗教〟である。

イスラム教はマホメットが六三二年に没するまでに、アラビア半島を支配下に収め、死後一二年後には、エジプトからイラン東部、その一八〇年後には中東から北アフリカ、ヨーロッパのスペイン、中央アジアにまで勢力圏を大きく拡げた。

今日でもイスラムは、世界を「ダー・アル・イスラム」(イスラム世界)と「ダー・アル・ハーブ」(無信仰者の世界)とに、分けている。そして「ダー・アル・イスラム」を拡げることが、「ダーワ」(聖なる使命)とされてきた。

「ダー・アル・イスラム」は十一世紀から十六世紀にかけて、ヨーロッパのバルカン地方から、インド、インドネシアまで、征覇した。

イスラム圏の膨張は、速かった。ヨーロッパを圧倒する強大な勢力として、ヨーロッパのキリスト教国を震えあがらせた。

イスラム圏は時代によって版図が変わったが、今日のポルトガル、スペイン、ハンガリー、旧ユーゴスラビア、アルバニア、ギリシア、ブルガリア、ルーマニアを支配し、さらにフランス、ドイツ、スイス、イタリア、オーストリア、ポーランド、旧チェコスロバキア、ロシアのそれぞれ一部まで進出した。

イスラム圏とキリスト教圏、千年の抗争史

イスラム圏とキリスト教圏の対立は、第二次大戦が終わってから、自由陣営と共産陣営が〝ベルリンの壁〟が倒壊するまで、世界を二つに分けて抗争した冷戦に、よく似ていた。

ヨーロッパのキリスト教国が一〇九六年を第一回目として一五世紀まで、中東へ主なものだけで七回にわたって、十字軍を派遣したが、これはキリスト教圏による中東への侵略というよりも、ヨーロッパによる必死の反撃であった。

イスラム教徒の精神には、今日でも〝神への完全な屈服〟を求める勝者のDNAが、脈

打っている。だから、イスラム・アラブ人は守勢に立った時でも、きわめて攻撃的であるという性格を持っている。

今日、多くの先進国において宗教離れが進み、キリスト教徒の大多数が宗教を迷信とみなすようになっているのに対し、イスラムでは宗教が全生活を律《りつ》している。イスラム教徒は、コーランが定めた戒律であるシャリアを、忠実に守らなければならない。

シャリアは、アラビア語で「水に至る道」を意味する。水が貴重な、過酷な砂漠の教えである。わだかまりや、対立を、水に流すことができない。

その意味で、ユダヤ教とイスラム教は、私たちが知っているような、宗教ではない。イスラム教は食文化をはじめとして、戒律が全生活を律していることで、ユダヤ教に酷似している。

キリスト教は地中海を渡ってから、大きく発展したが、その過程でヨーロッパの多神教と習合して成立したために、一神教としては変種である。多神教としての性格を、多分に備えるようになった。

それに、キリスト教はコンスタンチヌス大帝（在位三〇六～三三七年）がローマ帝国を統治する手段として、キリスト教を国教とするまで、政治に係わることがなかった。

キリスト教が出現した時には、ローマ帝国の安定した政治体制があった。そこで、キリスト教はイエスの「シーザーのものは、シーザーのもとに。神のものは神のもとに」という有名な言葉のように、聖と俗とを分けた。

ところが、イスラム教は政治秩序がなかったアラビア半島の環境のなかで生まれたから、マホメットが最高政治権力を握った。マホメットは宗教の開祖として、最高指導者であっただけではなく、絶対的な政治権力者、軍最高司令官を兼ね、商人でもありつづけた。

イスラム教は今日に至るまで、聖俗を区別することなく、政治から、衣服、娯楽、食生活をはじめとして、生活の隅々《すみずみ》の些事《さじ》にいたるまで、人々の生活のすべての面を支配している。

ユダヤ教は、ユダヤ民族が神によって選ばれた〝選ばれた民〟であるとして、もともとはユダヤ人でなければ、ユダヤ教徒になれなかったから、部族宗教である。それに対して、マホメットが興《おこ》したイスラム教は、全人類を対象としたために、その版図を大きく拡げることができた。

ユダヤ民族は、ユダヤ王国が西暦七〇年にローマ軍によって滅ぼされると、国を失って世界に四散した。そのために、政治権力と切り離されて、ラビ（教師、裁判の調停者、僧の役割を兼ねている）が、それぞれの小さな地域共同体の指導者となった。

イスラム世界は、ヨーロッパがイスラム圏の進んだ学問や、知識を取り入れて、十五世紀から十六世紀にかけて、ルネッサンスを成就《じょうじゅ》するまでは、それをはるかに上回る絢爛《けんらん》たる文明を、誇っていた。イスラム圏からみれば、ヨーロッパは長いあいだにわたって、後進世界にすぎなかった。

ところが、中東のイスラム圏は、一五一七年のオスマン・トルコ軍と、アラブ軍による天下を分ける関ヶ原の決戦のような戦いを、アレッポ（シリア北部）で戦った。アラブ軍が敗れ、エジプトまでオスマン・トルコ（十三世紀末にオスマン朝を建てたオスマン一世に由来する）の支配下に入ると、進歩がいっさい停まった。そして、この戦いを回転ドアとして、ヨーロッパとイスラム圏の力関係が、逆転へ向かいはじめた。

今日、古都のアレッポは、シリア政府軍と自由シリア軍が争奪する、激しい内戦の舞台となっている。

クリストファ・コロンブスが一四九二年にアメリカ大陸を発見し、バスコ・ダ・ガマが一四九八年にアフリカ南端の喜望峰を回ってインド洋に達したのも、香料や富を求めただけではなく、イスラム圏による重苦しい包囲を破ろうとするものだった。イスラム圏の背後に達することによって、未知の人々と手を結びたいという、強い願望があった。

キリスト教圏はアメリカ大陸から金銀などの富を収奪したことによって、力を大きく増した。これもまた、イスラム圏とキリスト教圏の力関係が逆転する、大きな要因となった。

オスマン・トルコ帝国は一六八三年に大軍をもって、オーストリアのウイーンを包囲したが、敗れた。これが分水嶺《ぶんすいれい》となって、イスラム圏の衰退が、始まった。こうして、キリスト教圏がついに優位に立つようになった。

力関係が逆転すると、今度はキリスト教圏がイスラム世界を蚕食《さんしょく》した。ナポレオンが一七九八年に、エジプトを攻略した。フランスが一八三〇年に、アルジェリアを占領した。一八七七年にオスマン・トルコがロシア帝国と戦って敗れ、その結果、キプロス島、チュニジアなどが失われた。エジプトは、一八八二年にイギリスの保護国となった。

二十世紀に入ってからのイスラム世界

オスマン・トルコは第一次大戦に当たって、ドイツ、オーストリア・ハンガリー帝国と同盟して戦い、敗れた結果として、中東北アフリカまで拡がっていた広大な領土を失った。シリアとイラクがフランスとイギリスによって分割され、委任統治領となった。

このようにして、イスラム圏は、ヨーロッパによって強い影響を受けたために、イスラム教の力が後退した。

トルコは第一次大戦に敗れると、トルコ共和国初代大統領となったムスタファ・ケマルによるトルコ革命が起きて、世俗的な共和国に生まれ変わった。ケマルは皇帝《スルタン》がカリフ（マホメットの後継者で、イスラム社会の最高宗教指導者）であった、スルタン・カリフ制（皇帝は退位した後も、カリフの地位に留まっていた）を廃止し、学校で『コーラン』を教えることを禁止し、婦人に参政権を与えるなどして、強権をもって非イスラム化を進めた。

いま、トルコのエルドアン政権は、トルコのイスラム化を進めている。

イランの歴史も、近世のイスラム史の縮図だ。

一九二一年に、ペルシャ・コサック旅団長だったレザー・ハンが、武力によって政権を奪い、二六年に皇帝となってパーレビ朝を創建した。その子、レザー・シャー・パーレビは、上からの近代化を推し進め、イラン国民にハジ（メッカ巡礼）を禁じ、イスラムの戒律《シャリア》に代わる民法を制定した。女性が顔を隠すローブを着用するのも禁じ、巡回する兵士がそうした女性を見かけると、銃剣でローブを切り裂《さ》くなど、力による非イスラム化をはかった。まさに、イラン版の〝廃刀断髪令〟だった。

イスラム世界は西洋の影響を受け、世俗化の潮流によって洗われていた。ホメイニ師が転覆させたのは、レザー・ハンの長子のパーレビ皇帝による帝制だった。

イラクが一九三二年に、シリアが一九四四年に独立した。一九六〇年代にシリアとイラクにおいて、バース党が政権を握った。

バース党は一九三〇年代にパリに留学していた、ダマスカス出身の二人のシリア人教師によって、一九三七年に社会主義と汎《はん》アラブ主義を掲げて結党された。バース主義は政教分離をはっきりと謳《うた》って、イスラム教を社会の近代化を妨げるものとして排斥した。「バース」はアラビア語で、「ルネッサンス」を意味する。

一九六三年に、シリアでバース党が政権を握ったが、当時の党機関誌には「イスラムは博物館のミイラだ」という、記述さえ見られた。一九七三年にアサド政権が人民議会において、元首がイスラム教徒であらねばならないという憲法の規定を改め、宗派を問わないことにした。ところが、多くの都市で暴動が起こった。アサド政権は慌てて、憲法をもとの規定に戻した。

イラクでは一九六八年に、バース党が政権を掌握した。イラクのサダム・フセイン前大統領も、大学生時代からバース党員であった。もっとも、シリアのバース党とイラクのバース党は犬猿《けんえん》の仲となった。

シリアは現在、独裁者であったアサド大統領の死後、次男が政権を受け継いで、バース党政権が支配したが、チュニジアで〝アラブ民主革命〟が始まって波及したために、二〇一一年から内戦状態に陥っている。

エジプトでは、一九五二年にナセル大佐が率いる自由将校団が、クーデターによって政権を握った。エジプトではサラマ・ムーサが一九一三年に著書『社会主義』を発表し、一九二〇年にエジプト社会党を結党している。

ナセルは一九七〇年に生涯を閉じるまで、〝アラブ社会主義〟を標榜して、一党独裁を行なった。ナセルの政党は、「アラブ社会主義連合」と呼ばれた。ナセルはエジプトだけではなく、アラブ世界で大衆に人気が高く、時代の寵児となった。

ナセル主義はナッサーリズムとして知られたが、バース主義と共通したものだった。ナセルはムスリム同胞団を敵視して、一九五四年に非合法化した。この年に、イスラム兄弟団がナセル大統領の暗殺を企《くわだ》てて失敗し、首謀者たちが処刑された。

この時代には、ナセルの影響もあって、「アラブ社会主義」と呼ばれた社会主義が、中東を風靡《ふうび》して、アラビア半島の僻地《へきち》である北イエメンまで及んだ。北イエメンでは一九六二年に将校団によるクーデターによって、イマム（イスラム最高指導者）政体が転覆され、イエメン・アラブ共和国が発足した。

だが、この後北イエメンで内戦が始まり、政権の要請によって、北イエメンへ七万人以上のエジプト軍が派兵された。これは、ナセルにとってのベトナム戦争となった。

隣の南イエメンでもイギリスの支配に対して、独立闘争が行なわれ、国連が介入した結果、一九六七年にイギリスが承認して南イエメンとして独立した。三年後に国名が、イエメン民主主義共和国に改められた。

アフガニスタンでは一九七八年に、共産主義者であったヌル・モハメド・タラキが、軍事クーデターによって親ソ政権を樹立し、国名をアフガニスタン民主人民共和国に改めた。

今日、パキスタンはイスラム原理主義過激派の温床となっている。二〇〇五年夏、イギリスのスコットランドにおいて世界主要八カ国（G8）サミットが催された時に、ロンドンの地下鉄と名物の二階建てバスが、自爆犯人による同時多発テロによって襲われて、多数の死傷者が発生した。イギリスに在住し、イギリス国籍を持つパキスタン青年たちによるものだった。

パキスタンは、一九四七年に誕生した。イギリスから、インドとパキスタンに分かれて独立した。独立運動の最高指導者であったムハマッド・アリ・ジンナーが、〝建国の父〟と呼ばれた。独立するのに当たってインドとパキスタンに分裂したのは、圧倒的多数を占めていたヒンズー教徒に従属することを嫌ったからだった。

ジンナーはパキスタンが誕生した年には、七十一歳だった。富裕な商家に生まれ、カラチでキリスト教のミッション・スクールに通ったうえで、十代でイギリスのエリート校に留学した。

ジンナーは二十歳で帰国すると、弁護士となった。イギリスに心酔して、ジンナバイという姓を、イギリス人に分かりやすいように、ジンナーに改めた。十月二十日が誕生日だったが、これもクリスマスの日に変えた。それにもかかわらず、四十歳でインドのイスラム連盟議長として、推《お》された。

ジンナーはイスラム教徒のあいだで、絶大な人気を博《はく》した。パキスタンが独立すると、「至高指導者」の称号を贈られた。今日のパキスタンであったら、考えられないことである。

ジンナーは日常の生活が、「イギリス紳士よりもイギリス的」だった。イスラム教徒であったら、絶対に酒を口にしてはならないのに、ウイスキーを嗜《たしな》んだ。

今日、パキスタンはマムヌーン・フセイン大統領のもとにあるが、原理主義テロによって悩まされている。アル・カイーダや、タリバン残党を弾圧する一方で、政府と軍が先頭に立って、イスラム化に努めている。

だが、こうしてみてきてわかるように、二十世紀初頭から七〇年代に至るまで、イスラム圏諸国は、概してイスラム教条主義を排し、穏健現実主義路線を歩んできていた。では、いったい、どこで、何が、変わったのだろうか。

ワッハーブ派の誕生

イスラム原理主義は、イスラム支配層とイスラム社会の腐敗、退廃に対する憤《いきどお》りから生まれ、イスラムの厳しい教えに戻ることを、求めてきた。

今日、イスラム原理主義として全世界にわたって、大きな力を持っているワッハービヤ（ワッハーブ派）は、十八世紀後半にアラビア半島においてムハメッド・イブン・アブドゥル・ワッハーブが始祖となって、出現した。アル・カイーダの最高指導者オサマ・ビン・ラディンはサウジアラビアの出身であって、ワッハーブ派である。

十八世紀のイスラム支配層も、腐敗していた。ワッハーブは一六九一年から一七〇三年頃に生まれ、一七九一年に没している。ワッハーブはイスラム教徒が悔い改め、本来の信仰に戻ることを説いた。ワッハーブはアラビア半島のナジドのダリーヤ地方を支配していたアナザ族の族長だったムハマッド・イブン・サウドと結んで、勢力を急速に伸ばした。それ以来、サウド家がワッハーブ派と一体になった。

ワッハーブは戒律《シャリア》を忠実に守り、質素に徹することを求めて、モスク（イスラム寺院）を飾ることや、絹の衣服や、真珠、宝石を装うこと、贅沢な墓をつくることから、タバコや、コーヒーを喫することまで禁じた。

ワッハーブ派は、ハディス、メッカ、メディナを武力で奪い、最盛期にはイエメンからシリアまで版図を拡げた。今日のサウジアラビアのサウド王家は、ムハマッド・イブン・サウドの直系の子孫である。

オスマン・トルコの皇帝が一八一一年に、エジプト総督のムハマッド・アリにワッハーブ派を征討するために、アラビア半島へ出兵するように命じた。サウド軍はアリ軍に敗れ、メッカ、メディナ、ハディスをはじめとする、すべての支配地域を失った。

サウド家は十九世紀後半にダーリアからリアドにわたる小さな地域を回復したが、オスマン・トルコとサウド家のライバルであるシャンマー族のラシド家によって、勢力を拡張することを阻まれた。一八八〇年代末にサウド家はラシド家と戦って惨敗し、クウェートに亡命したが、一九〇二年にリアドを奪還した。一九一五年に、イギリスと同盟条約を結んだ。

第一次世界大戦が、一九一四年に始まった。オスマン・トルコは一九一六年に、〝アラビアのローレンス〟が率いる〝アラブの反乱〟によって、メッカとメジナを失った。ローレンスはハシミテ家とともにトルコ軍と戦い、メッカとメジナが、ハシミテ家のものとなった。

サウド家は一九二一年にラシド家と戦って勝ち、ラシド家が降伏した。翌年、アブドゥル・ラーマン・イブン・サウドは、ナジドのサルタンを名乗った。さらに一九二四年にメッカをハシミテ家から奪い、アラビア半島全域を支配するようになった。

一九三二年にイブン・サウドは、国名をサウジ・アラビア王国に改めた。サウド王家は、一貫してイスラムの二大聖地として崇《あが》められるメッカとメディナの守護者であり、ワッハーブ派の擁護者でもあった。メッカはアラーの聖地であり、メディナはマホメットの聖地である。

原理主義者がとる四つの行動パターン

近代のイスラム原理運動には、その古い根に加えて、圧倒的な力を持つようになったキリスト教圏に対抗しようとするものでもある。

ここでは、ジャマル・アルディン・アフガニの名を挙げるのに、とどめよう。アフガニは日本でいえば、山県有朋《やまがたありとも》と同じ一八三八年にイランで生まれて、五十九歳で没した。当時の第一級の知識人で、学者、哲学者、ジャーナリスト、政治家として、多彩な生涯を送った。

アフガニはトルコから、中央アジア、中東、インド、ヨーロッパまで、さまざまな国に滞留した。そして、イスラムの原理に立ち戻るとともに、イスラム世界を守るために、西洋の科学技術を学んで、導入することを提唱した。イスラム版の〝和魂洋才〟である。

エジプトでは一九二九年に、ハッサン・アル・バナによって、ムスリム（イスラム）同胞団が生まれた。イスラム古来の戒律をイスラム圏全域にわたって、政治から日常生活に至るまで、忠実に守ろうとするものである。

エジプトは一九二二年に、イギリスから独立した。一九四八年にヌクラシ首相がイスラム同胞団を非合法化したが、翌年、イスラム同胞団によって暗殺された。その後も、政権とイスラム同胞団との葛藤《かっとう》が、今日に至るまで続いている。

ムスリム同胞団であれ、アル・カイーダであれ、原理運動は腐敗しているとみられる政権を、転覆することを企ててきた。

その手法は、四つある。

一つは、権力者を暗殺することである。エジプトのヌクラシ首相（一九四九年）や、サダト大統領の暗殺（一九八一年）、自爆テロによるパキスタンの女性のブット首相（二〇〇七年）が、その例だ。

二つ目は、広大、あるいは一つの地域を占拠することである。

アラビア文字が書かれたアル・カイーダの黒い旗を翻《ひるがえ》して、原理主義者とイラクの旧フセイン政権の軍人たちが結託して、イラクとシリアの広大な領域を占拠したうえで、二〇一三年六月に、カリフ制の「イスラム国」の樹立を宣言した。

「イスラム国」は住民を支配するかたわら、全世界から過激な主義に憧れる青年たちを、志願兵として募り、内では恐怖によって統治し、外に対して残虐きわまりない、あらゆる手段を用いて、支配地域を拡げようとしている。イスラム圏だけにとどまらず、全世界のイスラム系青年のあいだに、多くの共鳴者を擁《よう》している。

「イスラム国」は、かつてトルコ、イラン、北アフリカから、ヨーロッパのスペインとポルトガルのイベリア半島、バルカン地方、アジアではインドに至るまで拡がっていたイスラム大帝国を、再興することを夢みて、目指している。

サウジアラビアをはじめとする、アラビア半島の湾岸王制諸国も、危険に曝《さら》されている。

サウジアラビアは、スンニー派のリーダーであって、シリア、イラク、レバノンを舞台にしてシーア派の最大の国家であるイランと、代理戦争を戦っている。「イスラム国」は同じスンニー派であるが、互に背教者として相容《あいい》れることができない敵である。

一九七九年十一月二十日に、サウジアラビアを震撼《しんかん》させる事件が、起こった。

四十歳のジュハイマン・イブン・サイフ・アル・ウタイバが率いる、約四百人のワッハーブ派原理主義者の集団が、巡礼を装って武器を隠し持ち、夜明けにカーバ神殿を占拠した。この日は、イスラム歴で十五世紀が明ける日にあたった。

サウジアラビアは、ワッハーブ派の総本家である。カーバ神殿は中が広く、一時に二十五万人もの巡礼者を収容することができる。武装集団は神殿の四十八ヵ所の出入口の扉を閉じて、立て籠もった。この日、犯人たちはサウジアラビアのハリド国王が夜明けの拝礼のために神殿にきているはずだと、誤って信じた。

アル・ウタイバは神殿を占拠すると、サウド家が戒律を破っていると、非難した。そして王制を倒して、異教徒である西側諸国との関係を断絶すべきだとを訴えた。

サウジアラビアは、崩壊の危機に臨《りん》した。

サウジアラビア政府は、狼狽した。一万人の国軍と、数千人のパキスタン軍部隊と、急遽、フランスから招いた対テロ特殊部隊を投入して、二週間かけてようやく神殿を奪還することができた。

犯人の大多数はその場で殺され、一七〇人が捕えられた。犯人のうち、二六人が外国人だった。捕えられた犯人は、サウジアラビアの主要都市ごとに割りあてられ、見せしめのために、広場で公開処刑された。

サウド家は、国が多くの部族に分かれていることから、自国の軍隊を信頼しないために、潤沢な石油収入を用いての資金援助と引き替えに、パキスタンから一万人とも、二万人ともいわれる部隊を〝傭兵〟として借りてきて、サウジアラビアの軍服を着せて、親衛兵として用いていた。

カーバ神殿占拠事件をきっかけとして、サウジアラビア政府は王族《プリンス》たちに断食月《ラマダン》のあいだ、国外へ遊びに出ることを禁じる措置をとり、姦通を働いたという王女《プリンセス》一人を、公開処刑した（イギリスのテレビ局が、ドラマ化した）。そして外国人であっても、キリスト教をはじめとする異教の礼拝や、十字架などの異教の印《しるし》や、異教の書籍、絵の販売や、所持することを禁じた。全国にわたって、美容院が廃業され、女性が服屋で試着のために、ブルカと呼ばれるローブを脱ぐことを禁じた。

サウド家は二万人以上の男女の王族がおり、その多くが民衆の貧困をよそに、贅沢三昧《ざんまい》に耽《ふけ》っている。今日でも、ロンドンや、パリ、カイロ、ソウルなどのナイトクラブやカジノでは、王族が酒を飲み、女や博打に興じている姿が見られる。

サウド家はワッハーブ派の擁護者であるから、サウジアラビアではイスラムの厳格な戒律が、国民の日常生活を律している。サウド家は全世界のワッハーブ派を宥《なだ》めるために、ワッハーブ派の学校や、寺院《モスク》に、厖大《ぼうだい》な資金援助を行なっており、アメリカからこれらの学校やモスクが原理主義テロの温床になっていると、非難されている。女性は男の親族に付き添われなければ、外出することができないといったきまりをはじめとして、多くの戒律がある。宗教警察が存在しており、市街や町や村を常時、巡回している。

シリアのアサド独裁政権も、原理主義運動によって、悩まされてきた。一九八〇年に古都のアレッポで原理主義者が、騒擾《そうじょう》事件を起こした。その二年後に、原理主義者が人口二〇万人のシリア第三の都市であるハマーを占拠した。アサド大統領は軍を出動させて、容赦ない攻撃を加えて、都市を徹底的に破壊した。二万人の市民が死んだ。

さて、イスラム原理運動が政権転覆を企てる際の三つ目の手法が、国を乗っ取るものである。イランのホメイニ革命が、その好例だ。

またアフガニスタンでは一九八九年に、ソ連軍が撤退した後に、タリバンによる原理主義政権が国土の九〇%近くを支配して、厳格な神権政治を行なった。

タリバン政権は、女性に眼だけ覗《のぞ》くブルカを着ることを強《し》い、女性が教育を受けることを、禁じた。また太鼓を除く歌曲、踊り、凧《たこ》揚げなどの遊戯、サッカーなどのすべてのスポーツを、禁じた。不倫はただちに死刑だ。

タリバン政権は同じ原理主義のアル・カイーダと結んで、基地を提供していたことから、アメリカが九・一一同時多発テロ事件によって襲われると、アメリカ軍の攻撃を受け、タリバン政権が倒壊したことは周知のとおりである。

原理主義者がとる手法の四つ目が、ニューヨークや、マドリッドや、バリ島、ロンドン、オタワ、シドニー、パリなどを襲った無差別テロである。

もちろん、このような無差別テロには、西洋の大量消費文化が、イスラム世界に退廃をもたらす、西洋の大量消費文化に対する反感も、働いていよう。私も、彼らがアメリカから発する刹那《せつな》的な、享楽を至上のものとする、安っぽい文化へ、強い嫌悪感を向けているのを、理解することができる。

しかし、アメリカがアフガニスタンとイラクに全面的な攻撃を加える以前から、原理主義者によるテロ攻撃は、ひっきりなしに続いていた。一九九四年にはサウジアラビアにあったアメリカ軍基地、一九九八年にはケニアとタンザニアにあるアメリカ大使館、二〇〇〇年にはイエメンのアデン港に停泊していたアメリカの駆逐艦、そして二〇〇一年のニューヨークとワシントンに、テロ攻撃が加えられた。

これらのことは、どのように考えたらいいのだろうか。

原理主義者たちの目標は、サウジアラビアや、エジプトをはじめとする主要なイスラム国の政権を倒すことにある。これらのイスラム諸国の腐敗した体制が、アメリカの援助によって支えられていると、みているからである。

何が原理主義勢力の伸長を許したのか

いま、イスラム圏はイスラム化の高波によって、洗われている。そこで、かつてなら社会主義を唱えて、宗教と一線を画《かく》していた為政者も、敬虔なイスラム教徒を装わねばならない。

イラクのフセイン大統領も世俗的な指導者であったのに（フセイン大統領は高価なフランス・ワインを好んだ）、中途から熱心なイスラム教徒として振る舞うようになった。

これまではインドネシア、マレーシアや、タイなどのイスラムは〝南洋型イスラム〟として、戒律が緩やかなことによって知られてきたが、東南アジアにおいてもイスラム教の復興の影響を受けて、原理主義者が力を増すようになっている。

今日、イスラム過激派が、幅が狭いマラッカ海峡で、石油タンカー、あるいはＬＮＧ（液化天然ガス）タンカーを乗っ取って、爆発させるのではないかと、恐れられている。

これは悪夢だ。マラッカ海峡は日本だけではなく、東アジアへのエネルギー資源を供給する大動脈となっている。日本の石油の八〇％と、ＬＮＧの九五％がマラッカ海峡を抜けて、運ばれてくる。

イスラム圏が勢いを取りもどすようになったのには、一九七三年と七八年の二回にわたって起こった〝石油ショック〟がもたらした力が、大きかった。

それまで原油は、安価だった。そのために、イスラム圏は政治的にも文化的にも、世界の陰に押しやられていた。

OPEC（石油輸出国機構）を構成する一三カ国のうち、ベネズエラとエクアドルを除けば、すべてイスラム国家だった。チュニジア、バーレイン、オマーン、ブルネイ、マレーシアなどのイスラム諸国も、OPEC加盟国ではなかったが、産油国だった。

石油危機によって、イスラム圏に突然のように巨額の資金が流入するようになって、イスラム圏の地位を大きく高めた。いったい、一九七三年の第一次石油危機以前に、先進諸国がイスラム産油国の機嫌を伺《うかが》うのに汲《きゆう》々《きゆう》とするようになるとは、誰が想像することができただろうか。

アメリカや、ヨーロッパ、日本をはじめとする先進諸国が、〝石油《オイル》フィーバー〟にとりつかれ、イスラム産油諸国が手にした巨額な資金に魅せられて、これらの諸国に媚《こ》びた。

これは、今日の中国熱と似ている。草木も、イスラム産油国に靡《なび》くようになった。

〝石油《オイル》フィーバー〟は、劣等意識に長いあいだにわたって苛《さいな》まれていた、イスラム諸国に長い間忘れられていた、自信を与えた。

イスラム世界にとって、先進諸国が高度経済成長を遂《と》げるなかで、石油の需要が増大し、石油依存症という病《やまい》が進行したのが、現代の〝アラジンの魔法のランプ〟となった。サウジアラビアではじめて石油が発見されたのは、一九三八年のことだった。

ソ連軍が一九七九年にアフガニスタンに侵攻したのに対して戦われたアフガニスタン戦争も、イスラム原理運動過激派が力をつけるのを、大いに助けた。一九七八年にアフガニスタンで人民民主党政権が成立したが、社会主義政策を強行したのに対して、保守的なイスラム諸部族が立ち上がった。その結果、タラキ政権の援助要請を受けて、一〇万人のソ連軍がアフガニスタンに入った。

米ソの冷戦が、最高潮に達した時だった。アメリカはもしソ連がアフガニスタンを支配すれば、次はパキスタンが危《あや》うくなって、ソ連がインド洋に進出するという危機感に、駆られた。

アメリカのCIA（中央情報局）はアフガニスタン国内でソ連軍と戦う〝ムジャヒディン〟（聖なる戦士）に対して、パキスタンを通じて大量の兵器を供給しただけではなく、アラブ諸国で〝ムジャヒディン〟を募って、軍事訓練を施したうえで、アフガニスタンへ送り込んだ。アル・カイーダのオサマ・ビン・ラディンも、その一人であった。

アフガニスタン戦争に当たっては、サウジアラビア、エジプト、イスラエルも、アメリカに協力した。結局、ソ連軍は損害に耐えられず、十年後に撤退することを強《し》いられた。

アメリカの援助があったにせよ、強大なソ連軍を打ち負かしたことは、イスラム原理主義の戦士たちに自信を与えた。〝ムジャヒディン〟は、多分にアメリカが生んだ鬼っ子である。

アメリカはイスラム原理主義テロ組織が、アメリカ本土を核を用いたテロ攻撃を含めて、再び攻撃することに、脅えている。

はたしてイスラム社会に、民主主義は可能か

多くのイスラム学者が『コーラン』を援用して、イスラムが「平和の宗教」であるという。たしかに、そのようにもいえる。しかし、『コーラン』は〝ジハード〟(聖戦)によって異教徒を征服して、世界をイスラム化すべきことも、説いている。

『コーラン』はユダヤ教の聖書《トラ》(キリスト教にとっての旧約聖書)や、キリスト教の『新約

聖書』と同じように、多くの矛盾した内容を含んでいるから、都合のよい句をいかようにも引用することができる。

キリスト教の新約聖書も、イエスの口から「あなたたち（ユダヤ人）は悪魔である父から出た者であって、その父の欲望を満たしたいと思っています」（ヨハネによる福音書8-44）といわせている。キリスト教も、聖書のどの句を引用するかによって、愛の宗教にも、憎しみの宗教にもなる。

ヒトラーも、ナチス政権の最高幹部たちも、ユダヤ人大虐殺を直接に担当したアイヒマンも、キリスト教徒だった。ナチス・ドイツは、「イスラム国」とよく似ている。

アメリカはブッシュ（子）政権と、オバマ政権のもとで、イスラム圏の民主化をはかることを、中東政策の柱として、据えた。

しかし、はたしてイスラム圏を民主化するということに、成功するものだろうか。ブッシュ大統領は、イラクが民主国家となって、中東に手本を示し、イスラム世界の未来を照らす灯台《ビーコン》になると、期待した。

チュニジアで二〇一〇年に、民衆によるデモによって、ベン・アリ独裁政権が倒されると、アメリカや、ヨーロッパの新聞が「ジャスミン革命」とか、「アラブの春」と呼んで喝采し、囃《はや》し立てた。

オバマ大統領は、二〇〇九年にカイロを訪れて演説し、「専制を行なってはならない」と述べて、民主化を促《うなが》して、ムバラク軍事政権を見離した。そのために、ムバラク政権が倒れ、自由な選挙が行なわれた結果、ムスリム同胞団による政権が出現したが、国軍のクーデターによって倒され、短命に終わった。

「民主化」の掛け声が、イスラム社会の箍《たが》を外した。イスラムと民主主義は、イスラムの戒律に忠実であろうとすれば、両立するものではない。神と政治を分離することが、できないからだ。

イラクは、もともとシーア派が大多数を占めていたが、アメリカ軍が撤退したために、スンニー派とシーア派による本格的な内戦に点火して、スンニー派による「イスラム国」という巨大な妖怪が、シリアを跨《また》いで現われた。

中東から、北アフリカ、中央アジアにいたるまで、イスラエルをたった一つの例外として、民主主義国が一つもない。長期的な絶対王制や、独裁体制は、上層部が腐敗するので、民衆の不満を誘う。といって、〝民主化〟が行なわれた場合には、民主国家として生まれ変わるよりも、原理主義政権が出現することになりかねない。

ヨーロッパでは、フランスから、ドイツ、イギリスにいたるまで、少子化が進んでいるのに対して、イスラム人口が増えているのも、大きな問題である。

そこで、ヨーロッパ（Europe）とアラビア（Arabia）の二つの言葉を合成して、「ユーラビア」（Eurabia）という言葉があるほどだ。

これらのイスラム住民は、同じ文化に馴染《なじ》んでいたはずだった旧植民地地域から、労働力不足を補うために、移住してきた。その結果として、やがてイスラム住民が多数を占めて、ハンブルグが〝ハンブルギスタン〟、ロンドンが〝ロンドニスタン〟になり、パリのノートルダム大寺院も、やがてモスク（イスラム寺院）になろうと、揶揄《やゆ》されている。

これらのイスラム移民は、原理主義テロリストの温床となっている。アメリカの九・一一事件は、ドイツに在住するサウジアラビア人が中心となって、行なわれた。

イスラム住民は、在住国の国籍を取得しても、同化せずにイスラム社会を形成して、生活している。もっとも、ヨーロッパ諸国がアジアや、中東、アフリカの植民地を支配していた時には、ヨーロッパ人も自分たちだけの社会を作って現地人を差別し、交わることがなかったから、文句をいえまい。

日本人も、日本統治下の台湾や、朝鮮で日本人町を作っていた。

イスラム圏とキリスト教圏のあいだには、どうしようがない不毛な対立が、存在している。

イスラム世界は、アメリカや、ヨーロッパのキリスト教圏に対して、怨念をいだいているが、中国、朝鮮半島の人々が、日本へ向けている感情によく似ている。そこで、日本人であれば、身につまされる思いがする。

イスラム圏の人々は、誇り高い。他の宗教や、他の文化をもつ人々を見下す性向が、強い。イスラム世界はここでも、中国と共通している。このような過剰な優越感が、異文化を取り入れて学ぶことを、妨《さまた》げてきた。

かつて、イスラム世界はキリスト教圏よりも、はるかに進んだ文明を誇っていた。ところが、十六世紀以後に、イスラム世界は停滞してしたために、近代に入って気がついてみると、キリスト教圏に対して、どうしようもないほど大きな遅れを、とってしまった。イスラムの人々は心に、深い傷を受けた。

イスラム圏の人々は、かつての栄華の時代を、忘れることができない。そこで、キリスト教圏に対して、過去における優越感の記憶と、近代に入ってから追い越されてしまったという、癒《いや》しがたい劣等感が入り交じって、屈折した感情を、キリスト教諸国に向けている。

かつて、中国、朝鮮半島も、日本よりも進んだ文明を持っていた。日本に進んだ制度や、文化を教えてやったとして、日本を見下して、卑《さげす》んできた。朝鮮半島は、中国文化圏の一部である。

日本と大陸は、ヨーロッパとイスラム世界と同じように、海によって隔《へだ》てられている。中国と朝鮮半島も、近代に入ると、日本に対してどうしようもない、遅れをとってしまった。

イスラムの人々も、中国人も、傲慢だ。イスラム圏の人々も、中国、朝鮮半島の人々も、キリスト教圏や、日本によって追い越されてしまったのは、キリスト教徒や、日本人が狡猾《こうかつ》であるからとか、好戦的だから、野蛮であるからだといった、説明をする。キリスト教圏や、日本の優れた面を、認めようとしない。

もちろん、このような態度は、まったく不条理なものである。イスラム圏と、中国の人々が、キリスト教圏や、日本の長所を率直に評価しようとしないかぎり、このような不毛な緊張が緩むことはない。

イスラム圏は七〇年代の石油危機によって、自信を回復した。そして、多くのイスラム教徒が、イスラム世界の復興を夢みるようになった。

今日、中国が短期間で、世界第二位の経済大国にのしあがったのも、アメリカ、ヨーロッパ、日本をとらえた〝石油フィーバー〟と似た、〝中国フィーバー〟によるものである。そのために、中国は久しぶりに自信を取り戻して、慢心するようになった。

中国は「中華民族の偉大な復興」をスローガンとして掲げて、民衆を煽《あお》り、かつての中華帝国の栄華を、再興しようとしている。だが、中国も内部に不安定要因がもたらす、多くの問題を抱えている。

今日の中国は、石油危機以後の湾岸産油諸国と二重映しになる。石油危機以前のサウジアラビアには、高速道路がまったく存在しなかったのに、砂上の楼閣のようにハイウェイ網と、ビルの群《むれ》が出現した。中国にも一九八八年までは、高速道路がまったくなかったのに、アメリカに次いで世界で第二位となった。

サウジアラビアと、中国はよく似ている。自由な選挙も議会も言論の自由もなく、司法も独立していない。

サウジアラビアでは、七〇〇〇人の王族《プリンス》が国の富を独占して、専制政治を行なっている。中国では、太子党《たいしとう》と共産主義青年団の三〇〇ファミリーが特権を独占し、中国の富の大部分を握って、独裁政治を行なっている。サウジアラビアは「サウド家のアラビア」を意味しているが、中国は「三百ファミリーの国」と国名を変えたほうがよいようなものだ。

イスラム圏も、中国も、日本が和を重んじてきた文化であるのに対して、闘争が常態であってきたから、力しか理解しない。小さな日本列島に閉じこもって、満足してきた日本人と違って、したたかなのだ。

今後、イスラム世界は民主化を遂げることが、できるだろうか。民主化を果たすためには、世俗化が必要である。

イスラムは排他的で、きわめて閉鎖的である。世界がヨーロッパの覇権のもとに置かれてから、キリスト教の宣教師が全世界に散らばって、アメリカ大陸、アフリカ、アジアで、多くの改宗者を獲得した。しかし、イスラム圏では、ほとんど誰も改宗しなかった。

この一月に、パリでイスラム過激派テロリストによって、週刊新聞社『シャルリ・エブド』が襲撃されて、十七人が犠牲となった。

フランス政府は、ただちに全国で三日間の喪《も》に服することを決定し、パリで一六〇万人にのぼる市民が、『シャルリ・エブド』社に対するテロに抗議する空前のデモ行進を行なった。

痛ましい事件だった。私たちもイスラム過激派のテロに対して、国際社会と連帯して断《だん》乎《こ》として戦うべきである。

しかし、二百年あまりの隔《へだ》たりがあるものの、フランスが最大のテロ国家だったことを思うと、隔世《かくせい》の感があった。

フランス革命は、一七八九年から九九年にわたって、大量殺戮を行なった。国王、王妃から、貴族、富裕階級、革命の敵とされた人々まで、休みなく断頭台《ギロチン》に送って処刑するか、三万人以上が虐殺された。

フランス革命は宗教を否定して、教会の財産を没収し、僧侶や尼僧を殺戮《さつりく》した。日本からノートルダム大寺院を訪れる観光客が、そろって「荘厳だ」と言って、無邪気に感心する。だが、フランス革命によってノートルダム大寺院から、聖像がいっさい取り払われて、「理性の伽藍《がらん》」と改名されたことを、知らない。ノートルダム大寺院には恐ろしい過去が、宿っている。

新政府によって祭壇が壊されて、そのかわりに模造の丘のうえに、「知性に捧げられた」ギリシア神殿のミニチュアが安置された。その右に、裸の「理知の女神」像が赤白青の三色の腰布を巻いて立ち、左に「真実の炎」と呼ぶ常明灯がともされた。

二〇一五年一月に、パリの街路を埋めて行進した群衆が三色旗を振りながら、やはりフランス革命が生んだ「自由、平等、博愛」のスローガンを連呼していたことから、私はフランス革命の流血の惨事を思い起こした。

『シャルリ・エブド』が、預言者マホメットを諷刺してきたために、テロの標的となったが、フランスをはじめとしてヨーロッパでは、宗教離れが急速に進むようになっている。どこでも、大伽藍が観光施設になっている。ヨーロッパでは、アフリカ人や、インド人の神父が珍しくない。

イスラム教は一神教として、まだ若い宗教である。マホメットによって七世紀に、ユダヤ・キリスト教の分派として生まれてから、千四百歳あまりにしかならない。ユダヤ・キリスト・イスラム教は同じ唯一神を礼拝しており、中東にはイスラム教が生まれる前からキリスト教が存在しているが、いまでもアラブのキリスト教徒は神を「アラー」と呼んでいる。

キリスト教がこの年齢だった時には、狂信から発した宗教戦争、異端裁判、絶え間ないユダヤ人虐殺や、異教徒との戦争に、明け暮れていた。カトリック（旧教）とプロテスタント（新教）の宗教戦争は、三百年以上にわたってヨーロッパを荒廃させた。一神教は寛容を、欠いているのだ。

いま、北アフリカからイランまで、イスラム圏が百年に一回の大津波に、襲われている。

地図を広げてみよう。中東や、アフリカでは、国境線がまっすぐに引かれている。長い歴史によって形成された、国境線ではない。

これらの多くの国々が、第一次大戦後にしばらくして出現した、〝メイド・イン・ヨーロッパ〟の人工国家だからだ。

北アフリカから中東全域まで支配していたオスマン・トルコ帝国が第一次大戦に敗れると、ヨーロッパ列強が地図の上に、文字通り定規を当てて、分割したのだった。

その結果、しばらくしてリビア、イラク、ヨルダン、シリア、サウジアラビア、バーレーン、アラブ首長国連邦（UAE）、イエメンなどの諸国が、つぎつぎと誕生した。これらの国々は遊牧民である部族によって構成されており、いまだに国家意識が希薄だ。

それに対して、エジプト、チュニジア、モロッコ、イランは、国としての古い歴史を持っているから、例外といえる。

リビアには、百四十以上の部族や、氏族がある。カダフィ大佐はカダファ族で、部族の合従連衡《がっしょうれんこう》によって権力を維持してきた。カダフィ政権が倒れたために、いま無政府状態に陥っている。

これから、第一次世界大戦後にヨーロッパ列強によって一方的に引かれた、国境線が消滅していって、新しい中東が出現することとなろう。

イラクはシーア派、スンニー派、クルド族の三つの国に分かれよう。シリアもアサド政権のアラウィ派（シーア派の分派）、シーア派、スンニー派による三つに分裂しよう。リビアが三つか、四つ、サウジアラビアは九〇％のスンニー派と、油田地帯にすむ一〇％のシーア派の二つの国に、分かれるだろうか。

イランが核兵器開発を進めているが、中東が新しい動乱に突入するかもしれない。アメリカとヨーロッパ連合（ＥＵ）が、イランの核兵器開発を交渉によって阻止できなかった場合には、イスラエルがイランの核施設を攻撃する可能性が、きわめて高い。そして、イランの宿敵であるサウジアラビアが、パキスタンから核弾頭を購入して、対抗しようとしているといわれる。

アメリカはアフガニスタン、イラクに大量軍事介入して大火傷《おおやけど》をしたために、海外の戦争に捲《ま》き込まれることに懲《こ》りて、内に籠《こも》り、ここしばらく「世界の警察官」の役割を演じなくなっている。

アメリカがオバマ政権のもとで、イラクから派遣軍を撤退したことが、軍事的空白を作りだしたために、「イスラム国」という妖怪を呼び出した。いまでもアメリカは、世界最強の軍事国家である。

しかし、アメリカはここ当分のところ、海外に対して本格的な軍事介入を行なう意志力を、回復しまい。アメリカのありかたについては、拙著『アメリカはいつまで超大国でいられるか』（祥伝社新書）を、読まれたい。

新しい中東が誕生するまで、中東は大きく揺れよう。まだ、序章が始まったばかりのように、思われる。

切りとり線

★読者のみなさまにお願い

この本をお読みになって、どんな感想をお持ちでしょうか。祥伝社のホームページから書評をお送りいただけたら、ありがたく存じます。今後の企画の参考にさせていただきます。また、次ページの原稿用紙を切り取り、左記まで郵送していただいても結構です。

お寄せいただいた書評は、ご了解のうえ新聞・雑誌などを通じて紹介させていただくこともあります。採用の場合は、特製図書カードを差しあげます。

なお、ご記入いただいたお名前、ご住所、ご連絡先等は、書評紹介の事前了解、謝礼のお届け以外の目的で利用することはありません。また、それらの情報を6カ月を越えて保管することもありません。

〒101-8701（お手紙は郵便番号だけで届きます）
祥伝社新書編集部
電話03（3265）2310
祥伝社ホームページ　http://www.shodensha.co.jp/bookreview/

★本書の購入動機（新聞名か雑誌名、あるいは○をつけてください）

＿＿＿＿新聞の広告を見て	＿＿＿＿誌の広告を見て	＿＿＿＿新聞の書評を見て	＿＿＿＿誌の書評を見て	書店で見かけて	知人のすすめで

★100字書評……イスラムの読み方

名前
住所
年齢
職業

山本七平　やまもと・しちへい

1921年、東京生まれ。戦後、山本書店を設立し、聖書やユダヤ関係書籍の出版に携わる。別名で書いた『日本人とユダヤ人』が大ベストセラーに。独自の手法で日本と日本人を論じて著書多数。1991年、没。

加瀬英明　かせ・ひであき

1936年東京生まれ。外交評論家。慶應義塾大学、エール大学、コロンビア大学に学ぶ。77年より福田・中曽根内閣で首相特別顧問を務める。日本ペンクラブ理事、松下政経塾相談役などを歴任。

イスラムの読《よ》み方《かた》
——その行動原理《こうどうげんり》を探《さぐ》る

山本七平《やまもとしちへい》　加瀬英明《かせひであき》

2015年３月10日　初版第１刷発行

発行者……………竹内和芳
発行所……………祥伝社《しょうでんしゃ》
〒101-8701　東京都千代田区神田神保町3-3
電話　03(3265)2081(販売部)
電話　03(3265)2310(編集部)
電話　03(3265)3622(業務部)
ホームページ　http://www.shodensha.co.jp/

装丁者……………盛川和洋
印刷所……………堀内印刷
製本所……………ナショナル製本

Printed in Japan　ISBN978-4-396-11408-4　C0214